跆拳道

孙茂君 主编

北京体育大学出版社

策划编辑　李志诚
责任编辑　侯恩毅
责任校对　张春芝
版式设计　博文宏图

图书在版编目（CIP）数据

跆拳道/孙茂君主编．-北京：北京体育大学出版社，2016.5（2025.6重印）
ISBN 978-7-5644-2299-8

Ⅰ.①跆…　Ⅱ.①孙…　Ⅲ.①跆拳道-基本知识　Ⅳ.①G886.9

中国版本图书馆CIP数据核字(2016)第118829号

跆拳道
TAIQUANDAO

孙茂君　主编

出版发行：北京体育大学出版社
地　　址：北京市海淀区农大南路1号院2号楼2层办公B-212
邮　　编：100084
网　　址：http：//cbs. bsu. edu. cn
发 行 部：010-62989320
邮 购 部：北京体育大学出版社读者服务部010-62989432
印　　刷：三河市龙大印装有限公司
开　　本：710mm×1000mm　1/16
成品尺寸：170mm×228mm
印　　张：20.25
字　　数：338千字
版　　次：2016年6月第1版
印　　次：2025年6月第5次印刷
定　　价：69.00元

编委会

编者的话

跆拳道是一项利用拳脚进行搏击对抗的现代奥运会正式比赛项目，以实战比赛、品势表演和功力检验为主要表现形式，通过练习达到增强体质、培养意志品质的目的。

跆拳道运动起源于朝鲜半岛的民间自卫术，是朝鲜民族的传统武艺和竞技、娱乐项目之一，具有典型的东方文化色彩，不仅是一项具有较强攻击力的项目，也是一种精美的形体艺术品。在实战比赛中，腿法的使用率高达90%以上，动作幅度大，充分体现出舒展、美观、快速、准确、有力，给人以美的享受，被称为“踢”的艺术，具有极高的观赏价值。

无论是民族的变迁，还是无数次战乱的摧残，跆拳道仍被认为是一种固有的武艺。跆拳道是把人类生存的本能意识用肢体动作语言表现出来的一种方式，富含人生哲理与精神教育意义，讲究“以礼始，以礼终”，对青少年具有良好的教育作用，因此，跆拳道又是一种高尚的竞技体育项目。通过练习跆拳道，练习者可以养成恭敬谦虚、友好忍让的态度和互相学习的作风，宽厚待人和见义勇为的良好美德，有利于维护社会或团体的秩序，创造出一种讲文明、守纪律的良好风气，这种风气有助于增强民族凝聚力和激发爱国主义精神，所以说，练习跆拳道是完善人的性格的一个良好的方法或手段。

随着跆拳道运动的广泛普及与发展，跆拳道运动受到了越来越多青少年的喜爱，在高校之间的开展也越来越普及，尤其在体育院校开展更为广泛，学生纷纷加入到这一健康而又时尚的运动中来。基于对这一特定人群提供专业方面的理论与实践帮助，提高运动技能，增强学生体质的出发点与目标，特编写了这部教材，教材中的内容尽可能地进行详细讲解与分析，图文并茂。品势部分只介绍初级的太极八章，没有涉及到难度较大的高段位品势。本教材的适用对象为体育院校跆拳道辅修专项或普通高校跆拳道选修学生，也可以作为跆拳道专修的辅助教材，为提高理论知识与技术水平提供一些参考。

在教材编写过程中，得到了国家体育总局拳击跆拳道运动管理中心、中国跆拳道协会相关领导大力支持，提供了较为丰富的理论知识材料；得到了国家跆拳道队教练员、兄弟体育院校及首都体育学院领导的关心与帮助；还参考并借鉴了部分专著、教材与论文。在此一并表示感谢。

由于作者的水平有限，教材中有不妥之处，敬请专家、同行批评指正，提出宝贵意见。

目录 Contents

第一章 跆拳道概述

跆拳道是一项利用拳脚进行搏击对抗，以实战比赛、品势表演和功力检验为主要表现形式，使练习者达到增强体质、培养意志品质的现代竞技体育项目。

跆拳道运动起源于朝鲜半岛的民间自卫术，是朝鲜民族的传统武艺和竞技、娱乐项目之一。古时又称跆跟、檀君、手搏、花郎道等，与中国武术有着很深的历史渊源，明代以前中国的武艺就传入朝鲜。近代，随着中国武术的不断传入，花郎道的劈掌结合了中国拳术及日本空手道等技术，演变成一种独特的朝鲜拳术，即今日的跆拳道。

“跆”，辞源解释为“踏也，联手唱歌”，即用脚踢、踩、蹬、踏；“拳”，是用拳头攻击或防御；“道”，指哲学态度、生活方式以及道理、道德，跆拳道特别强调人格培养与精神修炼密切相关的“道”。

第一节 跆拳道的起源与发展

跆拳道的产生缘起于人类远古祖先的生存需要，在原始社会生产力极为低下的条件下，人们为了生存，就必须同自然界的野兽搏斗，这就产生了搏斗的各种方法。随着社会的发展，不断变化的生活环境和不同种族之间的互相争斗，要求人们要有强健的体魄和掌握一定的搏斗技能，这样才能保障生活的安定。经过漫长的岁月，人们本能的强健体魄和自卫而产生的搏击逐渐演化为有意识的技击活动，从而产生了朝鲜民族特有的运动形式，这就促使了跆拳道雏形的形成，这种形式的产生可以追溯到朝鲜的古代历史。

一、古代跆拳道形成与发展的几个重要时期

（一）高句丽时期的跆跟

从大量出现在壁画中的跆拳道雏形来看，早在二千年前，高句丽人民就广泛地开展这项运动，并可由此推测出跆拳道思想源流在人们心中深深扎根，跆拳道已成为高句丽的一种国技了。

当时的高句丽（高句丽在汉朝时因其大多领地属于我国东北地区，故汉武帝设四郡管理，因此高句丽一直是我国的附属国）、新罗、百济三国分界统治，形成了三国鼎立的局势。据资料记载，高句丽的古墓、角圮冢、舞蹈及三室的玄室壁画上，有跆拳道的原形画像。角圮冢的壁画上绘有两名男子互相搂抱臂膀进行摔跤的姿势；舞蹈的壁画上描画了高句丽人的生活情况和妇女的舞蹈姿势；三室玄室的天花板上画有两名男子做跆拳道格斗的姿势。

当时由于朝局不定，连年战乱，为了应付这些不可避免的战争，准备战事，高句丽王朝制定了选士制度，通过竞技选拔那些武艺高强、胆识过人的斗士。每年在三月至十月间，要组织一个盛大的节日，节日中有各种丰富多彩的活动，有剑舞、射箭、跆跟等项目的表演。另外，还组织搏击比赛，格斗双方先跳入刺骨的冰水中再进行格斗。比赛结束时，胜利者被授予“Sun Bae”的荣誉。当时武士们把跆跟作为一门必修的科目，并进行严格的训练。由此可知，跆拳道在当时已经相当盛行，而且享有崇高的地位。同时据考证，这一时期已出现了“手搏”一词。

（二）百济王朝的武艺

在高句丽、新罗、百济三国对抗的时代，当时的百济是三国中兵力最弱的国家，因此全国人民都非常重视武艺。百济国许多朝代的国王为了推崇尚武精神，

要求全国的国民都操习马术、射箭、跆跟等武技。在百济本纪的第三阿莘王朝时期，每年九月，全城的人在西台举行射箭大会，进行各种武艺活动。不论是官吏、军人还是庶民，都要学习武艺。官吏和军人要以此进行技术的训练，平民百姓则有义务训练各种武艺，以期成为真正的武士。百济是从公元前18年至公元660年，有着漫长历史的国家。但最终被新罗和唐朝联军所灭。百济虽然灭亡了，但是它的统治阶级仍得到日本的援助，其残存的许多有关武艺的书籍也被保存下来，这在《三国史记》上有记载。

百济有关跆拳道的记录要少于高句丽和新罗。但是应该指出，不能因为百济对跆拳道的文字或其他形式记录得少，就简单地断言百济没有盛行过跆拳道。在那个争战的时代，武技是必不可少的。从现存的一些资料中，仍可发现许多关于跆拳道的记录。例如，《三国史记》中介绍了一种类似跆拳道的便战戏，这种竞技在百济时期非常流行，在历史上也有许多关于此事的记录。所谓便战戏，是指朝鲜南部的以南原为中心，在智异山周围所盛行的一种民族性的传统竞技活动。这种竞技的方式是把人员分成两组，运用类似跆拳道技法来比赛，所以可以认为这种便战戏就是跆拳道的一种变形。

（三）新罗时代的花郎道

高句丽、新罗、百济三国鼎立数百年，远征近战，战乱不断，这也正是跆拳道于战乱中同步发展的时期。最后新罗向我国唐朝请援，先后灭了百济和高句丽，于公元668年统一了朝鲜半岛。在新罗国时代，人们经常利用集会，相互切磋、交流武艺，而新罗国正是通过这种形式，从中获取了巨大的原动力，使得国家更加团结，不断繁荣昌盛。新罗建国初期，威势远不及高丽强大，而四周均被强国所包围。但是，新罗并没有向那些强国屈服，并最终完成了朝鲜的统一。

在新罗时代，选拔人才本没有专门的制度。到真兴王时，由真兴王亲自创立的“花郎制度”的组织“花郎道”“花郎制度”是由新罗创立以来的传统公社制度演变而成的。新罗的花郎徒显然是为了补充精锐之师而创立的。其宗旨是由著名佛教僧侣圆光制订的“世俗五戒”，其内容为“效忠君王、孝敬双亲、忠诚友谊、临战无退、杀身有择”。“花郎道”组织在一起祭神、切磋武艺、磨炼意志。这种制度造就了一批英勇无畏的勇士，成为新罗繁荣的新动力。

新罗的武士们经常进行射箭、角力、手搏、骑马、狩猎、秋千等活动。这种将军事技能和歌舞变为体育化的民族祭奠，通称为“嘉俳”，这种活动从旧历的七月十六开始，一直持续到八月十五中秋才结束。

新罗虽然是佛教国家，但大多数的僧侣都是花郎出身。因此，表现跆拳道的各种姿态也可以从石窟庵的守门佛像金刚力士的姿势得到证明，并由此推断出跆拳道在新罗早已盛行的事实。如在新罗的神山圣河处营建圣殿，表演宗教歌舞以祈求国泰民安。但花郎最重要的作用毕竟在军事方面，花郎在和平时整军习武，战时奔赴前线投入战事。许多关于骁勇善战的传说都讲述了像斯多含、金庚信和官昌这些花郎的英雄业绩，这是朝鲜历史上最著名的一些片断。美国学者 Jenni . Ferlawler 著《武技百科全书》称：“花郎道还曾对日本的武士道产生过较大影响。”

另外，在朝鲜李承休的《帝王韵记》一书中曾提及新罗的三种踢击方法：第一种是踢对方的脚。第二种是技术稍微熟练的人，可用脚去踢对方的肩膀。第三种是技术更加高超者，则可用脚踢至对方的头部。这都反映了跆拳道的流行。此外，跆拳道还有手擗打，拳法的击打等技术，这些技术不仅流传于新罗，而且也被高句丽、百济等国所采用。关于这些，朝鲜的《史记》《古事》等书中有记载。跆拳道深受其独特民族传统文化的影响，跆拳道一词中的“道”字大概最能说明这一点。

（四）高丽时代的手搏

公元 918 年，朝鲜贵族王建夺取政权统一半岛，开始了王氏高丽时代。士兵们的战斗力来自于平日的训练和对跆拳道的喜爱。他们平时常用拳掌击打墙壁或木块，以磨炼手部的攻击能力。十分喜爱徒手搏斗的忠惠王曾专门邀请臂力过人、武功超众的士兵金振都（亦有称金扼郁）到宫廷表演手搏技艺，使得跆拳道声威大震，并逐渐被广大民众所接受。但是在高丽十一代的文宗王至十八代毅宗王之间，朝廷是轻视武官而重视文官，因此引起一场轩然大波，武官群起叛乱，这就是出名的“郑仲夫之乱”。当时武官想将腐败的文官派系铲除，建立一个以正义为基础的国家，故开始叛乱。由将军郑仲夫及李义蚊率领的优秀跆拳道武士为前锋，实行兵变，而李义蚊本人又精于跆拳道，所以毅宗王非常器重他，命令他负责训练士兵们的手搏技术。而当权臣武人把持朝政后，郑仲夫则虐杀文官，凡戴文官帽子的人，不问官级大小，都杀无赦，并最终逐放毅宗，立明宗。可想当时尚武之风一定很盛。据《高丽史》资料记载，高丽时代“手搏”也十分盛行，每逢喜庆节日，都有“手搏”表演，军队所有士兵必须进行“手搏”练习。

朝鲜三国分立局面结束后，中朝两国文化交流密切而频繁。首先表现在人员的来往。据文献记载，自五代后梁末帝贞明年间至宋徽宗崇宁年间，中国曾有许多文人，也有少数武士，去高丽并在那里做官。如武士陈养则已经在宋朝当了郎将，然后于1160年投化高丽的。尽管投化高丽的文人武士，一般都要经过高丽朝廷的考试才得以任用，而高丽朝廷还是采取重酬重任的鼓励政策，除授予官职外，还赐予衣物、田庄。

同三国时代一样，高丽的文化也深受中国文化的影响，有些制度则原封不动地移植过去。例如高丽兵制，起初就是完全仿效唐朝的府兵制度，由此不能排除当时中国武术也随各种军事文化传入朝鲜的可能。高丽末期实行的武科考试，直接取法于中国明代，李朝沿用此制。考试科目有箭术、骑术、枪术等军中技术，还有儒教和军事经典知识。武科考试同样分三段进行，有28人通过三年一次的考试，叫作“先达”。武科考试成为朝鲜科举制度的一部分，不仅开辟了定期招募武官的途径，也为贫民提供了升迁的门路。

（五）李朝时代的跆拳道

跆拳道经过高句丽、新罗、百济至高丽1000多年的流传，到了李朝时代才真正地生根成长。公元1392年，高丽王朝被李成桂建立的李王朝取代，国号“朝鲜”。由于李朝推崇佛学，重文轻武，文官的地位远远高于武臣。这一时期朝鲜的武术活动没有大的发展。但在民间却始终没有停止过“手搏”和“跆跟”的练习。同时，军队也用“手搏”作为选择士兵的手段。若想做官，必须打倒3人以上。据《东国舆地胜览》记载，李朝时代，在全罗道和清忠道交界的鹊旨村，两道的人民都认为该村应属自己，相持不下，最后就用举行跆拳道的比赛，由两道各自的高手决一胜负来决定其归属。由此看来，在当时人们心中跆拳道的地位是很高的。同时李朝的军队也用跆拳道抗击敌人的侵略。据载，在壬辰、丁酉的倭乱（史称文禄、庆长之役）中，在金山有700余名义兵赤手空拳和日本兵决一死战的记录，现在仍保存着。这充分说明在战争中跆拳道也是一种有力的武器。在李朝时代，跆拳道的形式除了技艺得到发展外，在文字记载方面也有很大进展。

14 世纪后期，李朝政权十分重视兵书战册的收集整理，先后编写了《金海兵书》《阵法》《兵将图说》《兵将说》《历代兵要》《制胜方略》《续兵将图说》《兵学指南》等书籍。壬辰倭乱以后，李朝正祖对以前朝鲜兵书只讲射技深感不足，命人将明朝戚继光的《纪效新书》中有关棍棒、长枪、骑艺等内容摘取改编，合成二十四般武艺，并有绘图说明。《武艺图谱通志》《兵学指南》二书也是李朝正祖命臣下将明朝名将戚继光《纪效新书》中的操练法摘编下来，编写而成的。

从朝鲜李朝郑麟趾（1396—1478）撰写的《高丽史》中还可得知，手搏也是很受民众喜好的运动。韩式摔跤自从三国时代以来，一直在韩国非常普及。这种规则简单的韩式摔跤在所有村庄的节日聚会中广泛开展，在多数竞赛中，获胜者可以获得一头公牛。韩国传统摔跤协会通过主办场面壮观的比赛，给这一传统运动带来了遍及全国的繁荣。韩国传统摔跤已稳固地成为国内最广泛的群众性的运动之一，并逐渐向职业化发展。

公元 1790 年，正祖委派李德懋和学者朴齐家、白东修 3 人汇编了《武艺图谱通志》，这是跆拳道的代表作。在这部书中，不仅收录了“手搏”“跆跟”的一些技法、动作图解和关于跆拳道的发展源流，而且还收录了多种武器的使用方法，并将很多其他域族的技击性很强的武术技艺汇融于跆拳道的技击之中，使跆拳道在文字记录和理论上有了较科学的记载和记述。

然而，到了李朝时代末期，由于弱民政治和多派纷争，以致对跆拳道武艺的轻视有了越来越强烈的倾向。而在国家颓危之际，当时的跆拳道好手们，只好以自虐或酗酒打架来消耗自己的精力。同时，为了派别之间相互的竞争，文官派竭力压抑主张提倡跆拳道的武官，因此，导致了跆拳道的技艺渐渐地脱离了王室和贵族，却被广泛的民间收藏者所习练。

二、近代跆拳道的发展

1909 年，日本侵占朝鲜，李朝灭亡。当时，跆拳道的武士为了抵抗侵略者，都是在没有武器供应的恶劣环境下，用空手跆拳道与武装了的日兵对抗，用生命和鲜血谱写了许多可歌可泣壮丽的爱国诗篇。1910 年后，新政府禁止所有的朝鲜文化活动，跆拳道自然在劫难逃。这期间，许多朝鲜人远离故乡，到中国或日本谋生，同时把跆拳道延续下去，更为重要的是将其与中国武术和日本武道交融与结合，孕育了新的技术，这使跆拳道技法得到充实和发展。

三、现代跆拳道的发展

（一）现代跆拳道的飞速发展与时代的发展密切相关

1945 年，朝鲜独立后，国家政治、社会面貌日益改观，自卫术再度兴起，从异国他乡回归故土的朝鲜人也将各国的武道技艺带回本国，逐渐与跆拳道融为一体，去芜存精，融合发展逐渐形成了现在的跆拳道运动体系。

1955 年 4 月 11 日，由各界著名人士组成名称制定委员会，与会人员认为，冷兵器时代已经成为历史，练习武道不再仅仅是修炼手脚上的功夫，更主要的是修炼顽强向上、勇于拼搏的精神，培养礼义廉耻、谦虚礼让的品质。最后大会以无记名的投票方式一致通过崔泓熙将军提出的“跆拳道”这一名称。崔泓熙将军用“礼义、廉耻、克己、忍耐、百折不屈”12 个字高度概括了跆拳道精神。从此，朝鲜的自卫术统称为跆拳道，结束了唐手道、空手道以及朝鲜古典武道各种混杂的局面，开创了跆拳道运动的新纪元。

现代跆拳道向国际上的发展大致可以划分两个阶段。第一阶段是从 20 世纪 50 年代末、60 年代初开始的。此时也正是二战以后亚洲各国经济建设的时期，在进行经济建设的过程中需要强大的精神力量予以支持，许多国家和地区把重塑国民精神、倡导顽强向上的作风作为重要的精神力量。跆拳道项目特有的性质和功能，为弘扬和发展这种精神提供了载体。跆拳道的搏击性很强，要求人具备勇猛善战、敢打敢拼的素质，能够培养坚韧、向上的作风；讲究礼仪、修养 以及完善的人格，可以使练习者在行为规范和道德修养方面得到提高和发展；跆拳道的目标是：“迅速、有力、准确”，这正是现代人应当具备的素质。

以韩国为首的亚洲国家和地区把跆拳道的推广和发展与社会发展以及经济建设结合起来，突出了跆拳道的社会意义，体现了这个项目的内在价值。摆脱了日本帝国主义统治的跆拳道进入了新的发展时期，道场（道馆）如雨后春笋般在各地诞生，吸引了许多青少年习武健身。随着对民族文化的重新认识，跆拳道的教练和专家通过对以跆拳道为主的传统武艺的讨论，认为在日本帝国殖民统治时期，在殖民主义教育下，传统跆拳道受到日本空手道的影响，技击性大大丧失，几乎成了一种游戏，而且缺少套路和体系。为了继承发展传统的武艺，确立了以技击、套路、竞赛为特点的标准型，开始了跆拳道向科学化、体系化、民族化发展的新进程。

1959 年，大韩跆拳道协会成立。1962 年，跆拳道协会作为竞技团体加入了大韩体育会，崔泓熙担任会长。同年第 45 届全国体育大会开始把跆拳道作为正式竞赛项目。跆拳道比赛从 1962 年开始按体重级别进行比赛，最初只有轻量级、中量级与重量级三个级别。

1966 年 3 月 22 日，由韩国、越南、马来西亚、新加坡、德国、美国、土耳其、意大利、埃及 9 个国家的跆拳道协会在汉城（今称首尔）成立国际跆拳道联合会（International Taekwondo Federation，简称 ITF，会徽见图 1－1），崔泓熙当选为主席。当时崔泓熙解释为：“跆拳道集本身意识及科学技术为一体，使人体能力尽可能得到充分发挥，是一种既能强身壮体，又能保护自身的体育运动。”但由于当时的跆拳道受日本空手道影响较大尚未摆脱出空手道的技术和理论，连国际跆拳道联合会举办的第 1 届亚洲锦标赛的竞赛方式、规则都与日本空手道一样，海外称当时的跆拳道为空手道式“韩国跆拳道”。

国际跆拳道联合会会徽

图 1－1

第二阶段是 20 世纪 70 年代。这是韩国跆拳道在世界上得到广泛普及并取得重大成果的十年。1972 年 11 月 30 日，大韩跆拳道协会中央道场——国技院竣工。国技院是韩国的一所跆拳道学院，也被公认为是世界跆拳道的中心，在教学和训练上都有很高的权威性，负责黑带段位晋升审批以及本国的竞赛，制定竞赛规则。在此基础上，国内统一了跆拳道派系，技术理论进一步统一完善，改进了竞赛规则、裁判方法和经营管理，对引导和促进世界跆拳道运动的发展起到积极的推动作用。

（二）世界跆拳道联合会所做的贡献

1973 年 5 月 28 日，世界跆拳道联合会（World Taekwondo Federation，简称 WTF，会徽见图 1－2）在汉城成立，金云龙当选为主席。世界跆拳道联合会成立后，制定了一整套竞赛规章制度，主要的特点就是以竞技比赛为主，品势套路为辅，注重实战比赛。所以，跆拳道有两个国际组织，各有各的会员，各自制订自己的比赛规则和晋升考试方法，其中影响较大的是世界跆拳道联合会。

世界跆拳道联合会会徽

图 1－2

以欧美一些国家而言，当时跆拳道尚属柔道联盟，没有独立的地位。但随着跆拳道逐渐在国际上得到承认，各国跆拳道也开始形成了独立的竞技体系。韩国 20 世纪 70 年代新的发展战略不是以武艺为主，而是以竞技为中心重新组织跆拳道，与第一阶段不同的是这一时期的跆拳道有着与日本空手道明显不同的特点。同时为了适应国内外不同阶层的比赛需要，经过几次修改，到 1979 年，竞技比赛发展到了 10 个级别，跆拳道已经具备了走向世界的条件。随着时代的发展，WTF 又陆续不断地向世界各地义务派出教练员近 2 万人，指导 100 多个国家或地区的 3 000 多万名练习者，极大地推动了跆拳道运动的发展。经过整整 20 年坚持不懈地努力，跆拳道在国际体育活动中越来越得到重视，影响力也逐步提高，以进入奥运会为最高奋斗目标并最终获得成功。所以说，WTF 所做的贡献功不可没。

1988 年汉城奥运会，韩国人借东道主优势把他们视为“国技”的跆拳道推上历史舞台，开幕式上的精彩表演给世人留下了深刻的印象，让世人体会到了东方文化的博大与精深，同时也为跆拳道最终进入奥运会打下了坚实的基础。1994 年 9 月 4 日，在法国巴黎召开的国际奥委会第 103 届大会上，跆拳道被列为悉尼奥运会正式比赛项目，设男女各 4 枚金牌。继柔道之后，又一个奥运会比赛项目来自世界的东方。世界跆拳道联合会现拥有全球五大洲 202 个会员，影响力越来越大，跆拳道在奥运大家庭的地位得到了肯定，其发展前景也将会更加美好。

在韩国国内，跆拳道是国防军、治安警察必须练习的内容，是各级学校学生必修的课程，已经发展成为大众国民健身和竞技活动，跆拳道在民间和外交活动以及国威的宣扬上占有重要的地位。

（三）现代跆拳道风靡全球的原因

1. 规则简单统一，评分标准相对简单，场地器材简便

跆拳道的竞赛规则十分简单明了，运动员戴上专用护具即可比赛，相比较其他搏击项目，跆拳道使用的动作让人看起来十分明白。裁判员根据有效击打然后给判分，随着规则的不断修改与完善，标准又简单化了，更容易欣赏观看。

2. 比赛精彩激烈，观赏性强

跆拳道比赛中，腿法使用率较高，动作幅度大，变化多，常伴有腾空、转体等动作，比赛场面精彩不断，使人有赏心悦目的感觉。有人说，中国传统武术动作结构中的拳、腿、摔分别被拳击、跆拳道、摔跤借走了，经过加工后便又成一派，跆拳道则充分展示了人的腿部和躯干的生理特点，被人称为“世界第一搏击运动”，大概道理也许就在于此。

3. 教学比较正规，形成科学的、独立的理论和教学体系

韩国人在一开始推广跆拳道时就重视科学的训练方法和建立科学的教学体制。现在许多国家和地区开办了专业跆拳道学校，或以道馆、俱乐部方式进行训练和教学。跆拳道实行段位制，升段考试非常严格，除了技术以外，还有道德修养和文化方面的考试，高段位还要经过论文答辩。有的国家还设立黑带学院，这种等级分明的体制，保证了各个阶段的教学质量，使得跆拳道运动不仅有技击性、艺术性和技巧性，同时具有学术性。

4. 采取了科学的发展策略

跆拳道项目采取和同类项目共同发展的策略，先学习同类项目之长，再自成体系，独立发展。这也是跆拳道能够受到世界各国认同的原因。姑且不论何种项目谁最先产生，单从相互影响来说，跆拳道体现了同类项目的长处。跆拳道的激烈对抗和比赛规则类似泰拳、拳击、摔跤、散手，但在本质上又自成一体，与其他同类项目发展没有矛盾，互相促进。加上韩国人不断向国外派教练为的就是扩

大影响力、号召力，让更多的人参与跆拳道，从事该项目的人多了，也达到了推广和普及的目的。

四、我国跆拳道的兴起与发展现状

1989 年 5 月，WTF 委托韩裔美国人李大成到中国进行为期 20 天的跆拳道教学活动。李大成教学方式新颖，要求严格，由于李大成的出色表现，为跆拳道在中国的发展打下了良好的基础。1992 年 10 月 7 日，经原国家体委综合司、国际司会签及袁伟民批准，中国跆拳道筹备小组正式成立，在“国家管理、依托社会、健康规范、迅速行动”的方针指导下，我国正式开展跆拳道运动（主任办文号 3 756）。1994 年 9 月，WTF 委派美籍韩国人杨镇芳教授到中国指导训练。1995 年 8 月成立国家集训队。同年 11 月，成立了中国跆拳道协会，选派教练员、运动员到韩国学习和深造。1995 年 11 月 17 日，我国派出了 3 男 5 女共 8 名运动员参加了在菲律宾马尼拉举行的世界跆拳道锦标赛，这是我国运动员第一次在国际跆拳道比赛中亮相，获参与奖，虽然未取得好成绩，但却总结了许多宝贵的经验。在比赛开始之前，中国跆拳道协会被世界跆拳道联合会接纳为正式会员。1996 年 6 月，中国跆拳道协会又被亚洲跆拳道联合会接纳为正式会员。

截止到目前，中国跆拳道队在重要国际赛事中共取得了 5 个奥运会冠军、10 余个世界冠军，并于 2003 年与 2007 年两次获得世界锦标赛女子团体第二名的好成绩。2009 年，在丹麦哥本哈根举行的世界锦标赛上，中国女队的 8 名运动员全部进入了前 5 名，并以 2 金、2 银、1 铜以及 3 个第 5 名的历史最好成绩获得团体冠军，这是继韩国队之外第二支获得团体冠军的队伍。男子运动员在近几年也有很大进步，朱国获得 2008 年奥运会 80kg 级铜牌，刘哮波获得 2012 年奥运会 80kg 以上级铜牌，马兆勇获得 2013 年世界锦标赛 87kg 级银牌。全国各省、市、区、体育院校以及行业体协均成立了专业队，参赛队伍及运动员人数屡创国内单项锦标赛之最；两千多家业余道馆，百万人参加跆拳道训练，社会影响力逐渐加大。可见，跆拳道在国内的发展具有较大的潜力。

第二节 跆拳道的特点与作用

跆拳道在千百年的演变过程中，始终保持着自身独特的风格特点。而随着时代的发展，逐渐形成以品势套路为主的传统跆拳道以及以实战比赛为主的竞技跆拳道即奥运会跆拳道两大风格流派。

一、跆拳道的特点

（一）以腿法为主要进攻手段

俗话说："手是两扇门，全凭脚打人。"此话用来描述跆拳道比赛最为恰当不过。如前所述，比赛中可以使用踢、劈、蹬、踹、摆、旋等多种腿法。由于手的击打距离较短，攻击机会很小，多是用来防守或近距离击打。而腿的使用频率高，动作幅度大，变化多，常伴有腾空、转体等动作，比赛场面精彩不断。

（二）方法简练，刚直硬打

不论是在比赛时还是在实战中，跆拳道的进攻方法都是十分简捷而实效的。对抗时双方都是直接接触，以刚制刚，用简练硬朗的方法直接击打对方，或拳或腿，速度快，变化多；防守的动作也是以直接的格挡为主，随即是连续的反击动作。防守时很少使用躲闪防守法，追求直来直往，硬拼硬打，尽可能保持或缩短双方间的距离，以增加击打的有效性，在近距离拼斗中争取比赛或实战的胜利。

（三）以击破作为测试功力的手段

现代跆拳道在向人们展示其功力时多是通过击破的方式，用拳、掌、脚、肘、膝等击碎木板或砖块来检验和测试练习者的功力。而要达到这样的水平，就必须通过刻苦练习将这些部位武器化，并根据关节部位的要求，从而产生了相应的动作。这种独特的方式现已成为专项训练、晋级升段、娱乐表演的一项主要内容。

（四）强调气势，发声助威

跆拳道在训练和比赛中都要求发声来提高气势，在每一个动作或每一次进攻中都提倡发声以此来显示自身的威力，增加自己的自信心，起到凝神壮胆的作用，提高自己的斗志争取在心理上压倒对手。所以新学员在进行学习时一般首先都要经过专门的发声练习，然后才能学习技术动作。据有关研究资料证明，人在无负荷工作时，10%的肌肉会由于发声使收缩速度提高9%；在有负荷工作时更是可以提高14%。这就是为什么在比赛中运动员会发出响亮的叫喊声的原因。在发声的同时屏住呼吸，可以使内脏器官的阻力减小，有助于提高动作速度，集中精力，使动作发挥出更大的威力。

二、跆拳道的作用

无论是民族的变迁，还是无数次战乱的摧残，跆拳道仍被认为是一种固有的武艺，受到全球人民的喜爱，在世界范围内得到广泛开展。跆拳道是把人类生存的本能意识用肢体动作语言表现出来的一种方式，富含人生哲理与精神教育意义。同时它更要求人们把精神的欲求具体化。因此，跆拳道又是一种高尚的竞技体育项目，其价值是多方面的，主要体现在以下几点。

（一）以礼始、以礼终，礼仪精神贯穿始终

跆拳道运动的搏击性很强，以技击格斗为核心，要求人具备勇猛善战、敢打敢拼的素质，同时又以修身养性为基础，以磨炼人的意志、振奋人的精神为目的，始终倡导“以礼始，以礼终”的崇礼尚武精神，推崇“礼义、廉耻、克己、忍耐、百折不屈”的精神宗旨。培养坚韧向上的作风，讲究礼仪修养以及完善人的性格，可以使练习者在行为规范和道德修养方面得到提高和发展。

跆拳道给人们留下的较深的印象是，跆拳道练习者始终是在不同的场合行鞠躬礼，图1－3是练习前后双方敬礼动作，图1－4是双方交换脚靶时敬礼动作。这是因为跆拳道练习者始终把“礼”作为训练内容，强调“礼始礼终”，即练习活动

都要从礼开始，以礼结束，并突出爱国主义。要求跆拳道练习者在练习技术的同时，在道德修养方面也要不断提高自己。通过向长辈、教练、老师、队友、同学等行鞠躬礼，使跆拳道练习者养成发自内心的行礼习惯，以养成恭敬谦虚、友好忍让的态度和互相学习的作风，宽厚待人和见义勇为的美德。

图1－3

图1－4

随着人类文明的发展，人们早已不以活着为满足，而是不断追求更多更广泛的需求，物质文明与精神文明在价值取向上是等值的，从事跆拳道训练不仅可以增强人的体质，促进人的发育，更重要的是对人尤其是对青少年具有良好的教育作用。在人一生的成长过程中，早期教育尤为重要，从事跆拳道运动的教学既要教会学生技术、战术，更要教会他们如何做人，如何培养他们的意志品质。从事跆拳道练习，首先要战胜的不是对手而是自己，因为在人的性格中有大胆与怯弱之分，在性情上有勤奋与懒惰之分，而无论如何练习者都要克服肉体上的疼痛、甚至伤病等痛苦，只有具备勤奋和坚韧的精神，才有可能不断克服自身软弱的惰性，达到新的境界。

（二）内外兼修，功法独特

通过科学系统的练习，外可强筋壮骨，提高各关节的灵活性及肌肉的伸展性和收缩能力，使体形得到全面锻炼和发展。内可提高内脏器官及神经系统的机能。所以，进行跆拳道练习，可以练就体格健壮、充满朝气、机智灵敏、富有创造精神的人。跆拳道还包括徒手自卫和对付手持不同利器者的防身自卫术。有利于培养人的意志和勇气，增强自己的胆量和信心，从而学会防身自卫的本领或与非法分子作斗争，维护社会秩序。

跆拳道理论认为，经过专门训练，人的关节部位能产生不可思议的威力，特别是拳、肘、膝和脚4个部位，尤以脚和手为甚。长期专门练习跆拳道，可以使人达到内外合一的程度，即内功和外力达到统一的巅峰。由于无法确定人体关节部位武器化的威力和潜力到底有多大，只有通过对木板，砖瓦等物体的击打来测量验定练习者的功力水平，以此显示出跆拳道独特的功法和特点。跆拳道的所有动作都是以自己的防卫本能作为基础，然后才逐渐地将其变为一种主观信念，从消极的防御动作发展到积极的进攻形态，最后才能达到绝对自动化的行为阶段。

而在与对手的竞争中，跆拳道战术中的进攻与防守、力量的大小、形式多变的主动与被动，无不包含着矛盾的对立统一。在处理瞬息万变的矛盾中，敏捷地反应与理智的思维往往能化被动为主动，这也是跆拳道练习者所要达到的境界。

（三）跆拳道是人格形成的导引

人属于生物体，我们可以将人一系列的成长、发育、思考过程看成是一种机械过程，而这种机械化的成长过程是可以随着环境的变化而变化的。从事跆拳道的训练有利于培养人的意志品质，增强自己的胆量和自信。再者，坚毅的性格也能使人产生巨大的忍耐力，忍耐力又能共生出谦让的精神，而谦让这一品质是要求人们利用自我牺牲的精神去控制自己，以维护社会或团体的秩序，创造出一种讲文明守纪律的良好风气，这种风气有助于增强民族凝聚力和激发爱国主义精神。所以说，练习跆拳道是完善人的性格的一个良好的方法或手段。

（四）集娱乐观赏与竞技交流于一体

跆拳道具有典型的东方文化色彩。它不仅是一项具有较强攻击力的项目，也是一种精美的形体艺术品。跆拳道是以脚为主，动作幅度大，组合腾空动作多，从而体现出舒展、美观、快速、准确、有力。而在集体品势表演中更要讲究整齐同步以达到更好的视觉效果，给人以美的享受，具有极高的观赏价值。

同时跆拳道作为现代奥运会的一个新兴项目，在促进各国、各地区的体育文化交流上也发挥着积极的作用。像最初的跆拳道推广，韩国人义务向世界各地派出教练员与表演团，在传播技术的同时也在传播着东方文化。众所周知，现代奥运会项目只有柔道与跆拳道起源于亚洲，所以跆拳道又是宣传东方文化的一种重要途径与窗口。大型国际比赛将不同国家或地区的运动员聚集在一起进行比赛，有力地推进了体育文化的交流，加强了合作，增进了友谊。

第三节　跆拳道等级

跆拳道的等级共分为十级九段，可以从腰带颜色区分出来，在级位当中，十级最低，一级最高，在段位当中一段最低，九段最高。

一、级位的划分

十级白带：白带代表纯洁，练习者没有任何跆拳道知识和基础，一切从零开始。

九级白黄带：练习者经过一段时间的训练，已经了解跆拳道的基本知识并学会一些基本技术，开始由白带向黄带过渡。

八级黄带：黄带是大地的颜色，就像植物在泥土中生根发芽一样，在此阶段要打好基础，并学习大地厚德载物的精神。

七级黄绿带：介于黄带与绿带之间的水平，练习者的技术在不断上升。

六级绿带：绿带是植物的颜色，代表练习者的跆拳道技术开始枝繁叶茂，跆拳道技术在不断完善。

五级绿蓝带：由绿带向蓝带的过渡带，练习者的水平处于绿带与蓝带之间。

四级蓝带：蓝带是天空的颜色，随着不断的训练，练习者的跆拳道技术逐渐成熟，就像大树一样向着天空生长，练习跆拳道已经完全入门。

三级蓝红带：练习者的水平比蓝带略高，比红带略低，介于蓝带与红带之间。

二级红带：红色是危险、警戒的颜色，练习者已经具备相当的攻击能力，对对手已构成威胁，要注意自我修养和控制。

一级红黑带：经过长时间系统的训练，练习者已修完从 10 ~ 1 级的全部课程，开始由红带向黑带过渡。

（一）级位晋升考核要求

应由省市级跆拳道协会、分会或升级考试委员会组成专门的考评组进行考核，考试者的相关资料应归档保存，颁发统一规格证书并有证书编号以便查询。

（二）级位晋升年限要求

每一次级位升级考试一般最快也要经过 2 ~ 3 个月的学习训练，所以初学者从十级白带升到一级红黑带一般至少需要 2 ~ 3 年的训练时间。

二、段位的划分

从一级再向上晋升即升入一段，跆拳道段位分为一至九段及名誉十段，腰带颜色统一为黑色，黑带是跆拳道高手的象征，是实力的体现，更是一种荣誉和责任。在腰带的两端有金黄色的刺绣，一端是腰带授予机构或师范老师的姓名，另一端是腰带持有者的姓名与段位标志，在姓名下面如刺有一道金黄色条纹即为一段，以此类推。一段至三段是黑带新手的段位，四段至六段是高水平的段位，七段以上只能授予具有很高学识造诣和对跆拳道的发展做出重大贡献的杰出人物。

黑带一段以上选手有资格参加全国性比赛，二段以上选手有资格参加国际性比赛。选手取得黑带后便有资格担任教练。一至三段称为副师范，四至六段称为师范，四段以上且年龄达到 21 岁时才有资格申报国际教练、国际裁判，并有资格担任道馆馆长或总教练。七至八段称为师贤，九至十段称为师圣。

（一）段位晋升考核要求

在晋升段位特别是晋升高段位时要求是非常严格的，考核内容包括基本技术、品势、实战、击破或特技，四段以上要通过笔试和论文答辩，六段以上要通过面试。

晋升一段至三段：由区域性一级团体会员单位组织进行。

晋升四段至七段：由国家跆拳道协会统一组织进行。

晋升八段以上：由世界跆拳道联合会晋升考试委员会或国技院统一组织进行。

（二）段位晋升年限要求

一段 1 年后可考二段，二段 2 年以后可考三段，三段 3 年以后可考四段，四段 4 年以后可考五段……以此类推，一直到九段。

三、少年儿童的品（段）介绍

少年儿童的段位称之为品，考试年龄不超过 15 岁，达到四品时不超过 18 岁。

第四节　跆拳道组织机构与主要赛事

一、世界跆拳道联合会（World Taekwondo Federation，简称 WTF）

1973 年 5 月 28 日，共有全世界 35 名代表出席了世界跆拳道联合会成立大会，美国、日本、马来西亚、新加坡、朝鲜、菲律宾、沙巴、柬埔寨、澳大利亚、象牙海岸、乌干达、英国、法国、加拿大、埃及、奥地利、墨西哥、中国香港、中国台北等国家或地区成为首批会员，总部设在首尔韩国国技院，韩国人金云龙当选为主席并一直连任。2004 年 6 月 11 日，韩国人赵正源出任代主席。

2005 年 4 月 12 日，在西班牙马德里举行的 2005 年 WTF 全体大会上，赵正源以 105 票当选为主席，他正式成为金云龙的继任者。2009 年 10 月 13 日，WTF 全体大会在丹麦首都哥本哈根 Scandic 酒店如期进行，会议最重要的议程之一就是主席换届选举。在总共 150 张选票中，赵正源以 104 票连任成功。

1975 年世界跆拳道联合会加入国际单项体育联合会，1980 年获得国际奥委会的承认，开始向成为奥运会正式比赛项目而努力。

主要赛事如下。

（一）奥运会

跆拳道运动历经 1988 年汉城、1992 年巴塞罗那、1996 年亚特兰大 3 届奥运会表演，终于在 2000 年成为悉尼奥运会正式比赛项目，设男女各 4 枚金牌。奥运会每 4 年举办 1 届。

（二）世界跆拳道锦标赛

1973 年 5 月 25—27 日，首届世界跆拳道锦标赛在韩国首尔举行，19 个国家或地区的运动员参加了比赛，包括官员在内共计 200 余人，最初只设男子比赛，分轻量级和重量级两个级别。韩国和美国获得团体冠亚军，中国台北和墨西哥并列第 3 名。1987 年在西班牙举行的世界锦标赛增设女子比赛，设男女各 4 枚金牌。1993 年在美国举行的世界锦标赛将级别调整为男女各 8 个，并一直沿用至今。世界跆拳道锦标赛每 2 年举办 1 届。

（三）跆拳道世界杯赛

1986 年，首届跆拳道世界杯赛在美国举行，设男子 8 个级别。1999 年西班牙马德里跆拳道世界杯赛增设女子比赛，设男女各 8 枚金牌。每届世界杯赛的举行时间要根据具体情况而定。

（四）世界青年跆拳道锦标赛

首届世界青年跆拳道锦标赛于 1996 年在西班牙举行，男女各设 8 个级别，2000 年在爱尔兰基拉宁举行的第 3 届世界青年跆拳道锦标赛将级别增设为男女各 10 个。世界青年跆拳道锦标赛每 2 年举办 1 届。

另外，跆拳道世界性比赛还有世界大学生运动会、世界军人运动会、世界警察运动会、世界武搏运动会、友好运动会以及南太平洋运动会等。

二、亚洲跆拳道联合会（Asian Taekwondo Union，简称 ATU）

亚洲跆拳道联合会成立于1974年，会徽见图1－5。总部设在韩国璟元大学。

图1－5

主要赛事如下。

（一）亚运会

1986年第10届首尔亚运会将跆拳道列为正式比赛项目，设男子8枚金牌。1998年第13届曼谷亚运会增设女子比赛，男女各设8枚金牌。亚运会跆拳道比赛体重级别与世界锦标赛相同，亚运会每4年举办1届。

（二）亚洲跆拳道锦标赛

首届亚洲跆拳道锦标赛于1974年10月18日在韩国汉城举行，比赛设男子8枚金牌。1986年在澳大利亚举行的亚洲跆拳道锦标赛将女子列为正式比赛项目，体重级别与世界锦标赛相同。亚洲跆拳道锦标赛每2年举办1届。

（三）东亚运动会

1987年举行的东亚运动会将跆拳道列为正式比赛项目，设男女各4枚金牌，体重级别与奥运会相同。东亚运动会每4年举办1届。

（四）亚洲城市金杯赛

首届亚洲城市金杯赛于1994年举行，设男女各8枚金牌，每两年举办1届。

三、中国跆拳道协会（Chinese Taekwondo Association，简称 CTA）

1995 年 7 月，中国跆拳道协会在北京成立，魏纪中任主席，郭仲恭任常务副主席兼秘书长。当时虽然获得原国家体委批准，但是并未获得国务院与民政部批准，不具备法人资格。

后经国务院与民政部批准，2004 年 7 月 13 日，中国跆拳道协会在湖北宜昌再次成立，协会总部设在北京。会上选举出主席、副主席、秘书长、执委等共 31 人，通过了协会相关章程。魏纪中任协会顾问，崔大林任主席，常建平、褚波、宋鲁增、周进强、杨桦、张振河、牛德成、王金芳、张建新、张力军（女）、应祖明、冯潮、张松林、刘践、王霓（女）、车利华（女）等 16 人任副主席，赵磊任秘书长，郑宇、曹涛、田爱丽任副秘书长。车胜波、刘克军、孙剑群、刘伯雄、李贵成、张敏、苏长来、陈立人、胡亚军、梁绿林、康闽利、曾于久、鲍冬冬等 13 人当选为执委，金泰东、萧矿泉、金圣根、崔文顺、汪强、洪纪明等国际友人被特邀作为执委。

2013 年 12 月 20 日，中国跆拳道协会第 3 次全国代表大会在北京举行，会议选举并产生了新一届领导机构，崔大林卸任主席职位，由国家体育总局拳击跆拳道运动管理中心主任李强接任，马文广、董军、宋鲁增、李业武、杨桦、黄维勉、刘明、毛宏、刘毅等 9 人担任副主席，秘书长由董军兼任，曹涛，王强、郑宇任副秘书长，陈立人、李贵成、娄向宇、张文成、刘慧文、邓成涛、鲍东东、占旭刚、杨鹭明、张德贵、王勇、王权、李岩、罗器宇、许国院、康翔、丁雷、柴水平、张文军等 19 人当选为执委。

目前，中国跆拳道协会的机构设置有竞赛委员会、大众委员会、裁判委员会、妇女委员会、教练员委员会、运动员委员会、新闻委员会、市场开发委员会。随着跆拳道运动在国内的日益普及与发展，机构设置以及人员配置也将不断完善和壮大。

中国跆拳道协会是在中华全国体育总会领导下的群众性非营利体育社团，是中国奥委会承认的、代表中国参加相应国际跆拳道组织和活动的唯一合法组织。

中国跆拳道协会的宗旨是：在遵守国家宪法、法律的前提下，团结中国跆拳道工作者、运动员和跆拳道爱好者，在中国推广和普及跆拳道运动，增强中华民族的身体素质；提高跆拳道运动技术水平，攀登世界跆拳道高峰；增进同各国家和地区跆拳道人士的友谊，加强与世界跆拳道联合会和亚洲跆拳道联合会等国际体育组织以及世界各国跆拳道协会的联系与合作。

主要赛事如下。

（一）全国运动会

2001 年第九届全国运动会跆拳道成为正式比赛项目，设男女各 4 枚金牌，体重级别与奥运会相同。全国运动会每 4 年举办 1 届。

（二）全国跆拳道锦标赛

1995 年 5 月，首届全国跆拳道锦标赛在北京体育大学举行，22 个单位约 250 名运动员参加了比赛。世界跆拳道联合会副主席李仲佑先生率韩国表演团参加了本次大会并做了精彩的表演。比赛设男女各 8 枚金牌，体重级别与世界锦标赛相同，每年举办 1 届。

（三）全国跆拳道冠军赛

1996 年 12 月 27 日—31 日，首届全国跆拳道冠军赛在北京体育大学举行，20 个单位 106 名运动员参加了比赛。比赛设男女各 8 枚金牌，每年举办 1 届。

（四）全国青年跆拳道锦标赛

2002 年 11 月，第 1 届全国青年跆拳道锦标赛在上海举行，级别设置与世界青年锦标赛相同。全国青年跆拳道锦标赛每年举办 1 届。

第五节　跆拳道风云人物

一、现代跆拳道运动之父——一代宗师崔泓熙将军

崔泓熙，男，1918 年出生于朝鲜，12 岁时开始练习跆拳道，之后到日本学习空手道。1939 年，“二战”爆发，他被征入伍，后卷入朝鲜独立运动。1946 年，崔泓熙被委任为少尉，由于他的领导才能，在军队中得到重用。1953 年朝鲜战争结束，崔泓熙已是统帅第五步兵师的陆军准将。在此期间，他积极在军队中传授跆拳道，并且提出要把跆拳道推向全世界的伟大设想。而“跆拳道”这一称谓也是正在崔泓熙将军的倡导下而确定下来的。

1962 年，崔泓熙被任命为第一任驻马来西亚大使。在此期间，崔泓熙往来于东南亚各国，积极传播跆拳道。

1964 年，崔泓熙任满大使职务回国。由于国内的长期动乱，加上唐手道、空手道及各种朝鲜武道各自组织了大韩跆手道协会、大韩手搏道协会等，跆拳道几乎名存实亡。崔泓熙力挽狂澜，与各派进行了坚决地斗争，终于在 1965 年恢复了大韩跆拳道协会名义，崔泓熙就任会长。随后，升为二星将军的崔泓熙率领跆拳道代表团访问了德国、意大利、土耳其、埃及、马来西亚和新加坡等国，为传播与推广跆拳道运动打下了基础。

1966 年 3 月 22 日，崔泓熙当选为国际跆拳道联合会主席。后来，由于韩国政府对国际跆拳道联合会的抵制，1972 年，崔泓熙被迫流亡到加拿大。崔泓熙一生致力于国际跆拳道事业，被誉为现代跆拳道运动之父。2002 年 6 月 15 日，一代宗师崔泓熙将军在平壤逝世。

二、跆拳道功臣——金云龙

金云龙，男，1931 年 3 月 19 日出生于韩国，它是韩国乃至国际体坛的传奇人物。

金云龙早年毕业于延世大学，后又获得美国华盛顿大学政治学硕士和法学博士学位。他不但才华出众，精通五国语言，而且精通跆拳道，是目前唯一的一位名誉十段高手。金云龙于 1963 年进入韩国政界，曾担任韩国总理秘书、总统办公厅副主任以及驻外大使等职务。1971 年，当选为大韩跆拳道协会主席。1973 年，金云龙当选为世界跆拳道联合会主席并一直连任至 2004 年。

1985 年，金云龙当选为国际竞技团体联合会主席，并先后担任韩国棋院院长和国际奥委会委员等职务。在亚洲国家或地区的大力支持下，金云龙于 1992 年成功当选为国际奥委会副主席，并于 1993 年出任韩国体育协会会长兼韩国奥委会主席，成为国际体坛的重量级人物。

20 世纪 80 年代，韩国政府决定申办 1988 年奥运会。善于外交的金云龙利用当时国际奥委会委员的身份，以韩国政府的经济实力做后盾，从容周旋于国际体坛各种势力之间，为韩国申办和承办 1988 年汉城奥运会立下了汗马功劳，个人声望也达到了顶点。韩国人借东道主优势把他们视为“国技”的跆拳道推上历史舞台，成为本届奥运会的表演项目，同时也为跆拳道最终进入奥运会打下了坚实的基础。

三、世界跆坛的传奇人物——李大成

李大成，男，1959 年出生于韩国，8 岁开始学习跆拳道，11 岁时移民到美国。李大成是跆拳道界的传奇人物，毕业于美国夏威夷大学国际政治和体育专业。他从 1979 年开始代表美国参加世界锦标赛，并赢得了两银两铜，连续 10 次获得全美跆拳道品势与竞技双料冠军，这一纪录被光荣地载入了吉尼斯纪录，是不折不扣的跆拳道大师。而作为一名教练员，他曾带领美国队参加过 1988 年汉城奥运会、1992 年巴塞罗那奥运会、2000 年悉尼奥运会以及 2001 年世界跆拳道锦标赛等一系列的国际赛事，为美国跆拳道运动的发展做出了巨大的贡献。他曾是现任美国队主教练简·洛佩兹的主教练，并指导过美国两届奥运会冠军、世锦赛五连冠斯蒂文·洛佩兹。

他说："我真的很喜欢跆拳道教练这个工作，我当了10年的跆拳道选手，但是没有获得过世界大赛的金牌，我真的很希望获得那枚金牌，后来我的学生替我实现了，这就足够了。"但是他也有不开心的时候。在被选为2004年雅典奥运会的主教练之后，他又被美国现任主教练简·洛佩兹顶替了。尽管采取了法律措施，但结果还是败诉了。

李大成被业内人士看作是跨越国界的传"道"者。"我和中国真的很有缘，早在1989年，我就受WTF的委托来到中国宣传跆拳道，我真的很幸运，那时比我优秀的人有很多，但我被选上来中国，在这儿待了3个星期，在北京体育大学教一些学武术的人练跆拳道，本来之后还想再来中国，但那时因为在美国任教，没来成。"1996年，李大成来华交流时，还曾经指导过陈中训练。2004年，李大成在美国跆拳道队教练任期到期，便专心致力于自己的道馆教学。

2007年2月，美国公开赛在奥克兰进行，中国跆协领导利用这个机会约见了李大成，他从夏威夷赶来赴约。就在中国传统的除夕之夜，双方商谈到深夜。对于中国跆协的诚意邀请，李大成动了心。5月份在北京举行的世界跆拳道锦标赛，美籍韩裔李大成先生正式以中国国家队副总教练的身份带队参加了本届世锦赛，他成为继韩国人金荣镇之后国家队引入的第二位韩国教练，并最终帮助国家队取得了2金1铜以及2个第5名的好成绩。

李大成认为，他最开心的事是参与了中国队备战2008年奥运会的过程，最遗憾的是没有帮助陈中实现三连冠的梦想。2008年10月12日，李大成卸任回国。在担任副总教练一年多的时间里，李大成通过身体力行诠释了跆拳道人、跆拳道师父的含义，用行动感化教育周围的人。

四、中国跆拳道世界冠军第一人——王朔

王朔，女，1984年3月15日出生于河南省焦作市，身高1.80米，体重57kg。1995年，年仅11岁的王朔开始练习跆拳道。

虽然与作家王朔同名，但这个王朔却是解放军体育学院的一名女军人，一个跆拳道世界冠军，她的生命里充满了传奇色彩，从我国举办跆拳道比赛起，王朔可谓战无不胜，几乎包揽了所有国内比赛的金牌；15 岁时捧回第一块世界大赛金牌，填写了中国跆拳道历史的空白；每年一届的国际军体跆拳道锦标赛，总是满载而归；被评为全军“十佳”运动员、荣立一等功。

按照国外惯例，跆拳道运动员从 7 岁开始练习基本功，5 年后进行技术训练，10 年之后才开始出成绩。但是我国跆拳道运动起步较晚，若如此训练，至少需要 20 年才能赶上世界水平。要想以最快的速度和优势向世界水平冲击，唯一的办法就是进行超常规训练。为此，国家队独创了一种将体能、基本功、技术、战术融为一体的综合训练方法，对队员实施“速成训练”。需要 10 年完成的基础训练要在最短的时间内实现，这就意味着队员们要付出常人难以想象的艰辛。王朔面对的正是这种考验。

长期以来，跆拳道女队员都是由男队员当陪练的，其中的艰辛只有教练员和运动员们最清楚，每次下来她浑身被踢得青一块紫一块，有时实在受不了就跑到洗手间抹眼泪。然而哭过累过她从来没有放弃过。王朔不仅对教练员要求的训练任务一丝不苟地完成，而且训练结束后，队友都回去休息了，她还留在馆内做力量训练。因为她清楚，与世界高水平的对手相比，力量不足是她最薄弱的一环。训练是艰苦的，甚至是残酷的，王朔却始终保持着良好的精神面貌和高昂的斗志。在她的心目中，以最好的状态参加比赛是自己实现夺金目标的保证。

1999 年 6 月 7 日，在加拿大埃德蒙顿举行的世界跆拳道锦标赛，年仅 15 岁的王朔代表国家队出征 55kg 级的比赛。真可谓“初生牛犊不怕虎”，王朔一路过关斩将，并在决赛中将韩国运动员郑载银挑落马下，为我国夺得了第一个跆拳道世界冠军。消息传开，世界跆拳道界为之震惊，国内专业人士更是惊呼，王朔的这块金牌不仅实现了我国在国际跆拳道赛场上“零”的突破，而且使中国跆拳道运动从起步到巅峰缩短了 15 年时间。王朔因此一战成名，她的名字被光荣地载入中国跆拳道运动的发展史册。

五、中国跆拳道奥运冠军第一人——“霹雳娇娃”陈中

陈中，女，1982 年 11 月 22 日出生，河南省焦作市人，身高 1.83 米，体重 72kg，爱好美术。1997 年 1 月入选国家队，2007 年 5 月 22 日实现了个人大满贯梦想，国内比赛保持全胜。最擅长的技术就是下劈腿，人送绰号“霹雳娇娃”。

陈中从小就对体育运动兴趣甚浓，4 岁时跟着父母在家中对着墙壁打乒乓球。看到孩子喜欢体育，1990 年初，他们把刚满 8 岁的陈中送进了市业余篮球学校。1994 年，12 岁的陈中参加了在北京举行的全国“苗苗杯”篮球赛，她所在的队获得了第 4 名。当时的陈中，个子已经长到 1.67 米。1995 年，跆拳道教练陈立人到河南挑选队员，一眼就看中了身体条件出众、弹跳和爆发力都很强的陈中。

来到北京后，陈中才知道国家队与自己原先想象的出入太大，不仅没有专门的训练场馆，每天都是超负荷训练，光踢腿就要做 1 000 多次，早上 8 点进场，晚上 6 点结束，为了训练格挡能力，她的整个手臂被踢成了黑紫色。当时和陈中一同来的河南籍队员有好几个打了退堂鼓。

而性格倔强的陈中凭借身体素质好与反应快的优势，迅速在这个项目上找到了感觉，在之后的一系列国际比赛中均取得了不俗的战绩。2000 年悉尼奥运会，陈中一路过关斩将，决赛中以 8 比 3 的绝对优势击败了俄罗斯名将伊万诺娃，为中国夺得奥运会跆拳道项目首枚金牌。

2004 年 8 月 30 日，雅典奥运会，陈中与法国运动员巴弗雷尔在女子 67kg 以上级决赛中相遇。陈中很快便以 6∶3 领先，而巴弗雷尔急于扳平比分，向陈中发起了猛烈地进攻，陈中乘对手急于进攻而露出的破绽，用她擅长的下劈腿抓住机会连连反击，以 12∶5 完胜，夺得了中国体育代表团雅典奥运会上的第 32 枚金牌。

2007 年 5 月 22 日，世界锦标赛女子 72kg 以上级决赛在陈中与韩国运动员韩珍善之间展开，最终陈中以 5∶4 的 1 分的微弱优势击败对手，夺得了运动生涯第一枚世界锦标赛金牌，同时也成就了奥运会、世锦赛和世界杯的大满贯。

2008 年 8 月 23 日，北京科技大学体育馆，陈中向着自己的三连冠发起最后的冲击，如果能够卫冕成功，她将成为中国体育史上获得奥运会三连冠的第一人，

同时也将成为奥运会历史上跆拳道项目三连冠第一人。

现场的观众绝大部分是来给陈中加油的，就连陈中的老家，河南焦作也特意组织了一支啦啦队为陈中加油呐喊。

首场比赛，陈中 3∶1 战胜雅典奥运会铜牌得主来自委内瑞拉的娅迪妮娜·卡莫娜。四分之一比赛，陈中的对手是英国名将萨拉·史蒂文森，史蒂文森也是一名老将，比赛经验丰富，作风顽强，连续参加了 3 届奥运会，并且获得了悉尼奥运会的第 4 名以及 2003 年世界锦标赛的冠军。在陈中的备战过程中，史蒂文森一直是她的主要对手。

经过三局比赛，史蒂文森以 2∶1 获胜。非常遗憾，陈中未能进入半决赛。

2008 年 10 月 10 日，陈中和她相爱了 6 年之久的男友车新港步入了婚姻的殿堂，随即退役。

陈中获得的主要国际比赛成绩如下。

1997 年东亚运动会 67kg 第 3 名。

1998 年亚洲锦标赛 67kg 亚军，曼谷亚运会 67kg 第 3 名。

1999 年世界军人运动会 67kg 以上级冠军，世界锦标赛 72kg 第 3 名。

2000 年亚洲锦标赛 67kg 以上级冠军，悉尼奥运会 67kg 以上级冠军。

2001 年世界杯 72kg 冠军，世界锦标赛 72kg 亚军。

2002 年亚洲锦标赛 72kg 冠军，釜山亚运会 72kg 亚军。

2003 年世界锦标赛 72kg 以上级第 3 名。

2004 年雅典奥运会蝉联 67kg 以上级冠军。

2006 年多哈亚运会 72kg 以上级冠军。

2007 年世界锦标赛 72kg 以上级冠军。

2008 年亚洲锦标赛 72kg 冠军。

六、“辣妹”——罗微

罗微，女，1983 年 5 月 23 日出生于北京，身高 1.80 米，体重 67kg，爱好音乐。1999 年 2 月 6 日进入北京什刹海体校练习跆拳道，2002 年 1 月 14 日入选国家队。

自小就喜欢跑步的罗微，在学校跑步总是数一数二。三年级时罗微代表北京育民小学参加运动会，被西城体校的张虹教练看中，罗微代表区队比赛，成绩不错，总是第 1、第 2 名。初中二年级的时候罗微被选到首都体育学院开始练习跨栏。

一次偶然的机会，北京什刹海体校到首都体育学院田径队选队员，身高腿长的罗微有幸被选中，在姚强教练的指导下，开始练习跆拳道。一年之后便获得全国冠军赛 67kg 亚军，虽然只是第二名，但她的表现让所有的人都认为将来肯定会有更大的作为。凭借出众的身体素质再加上硬朗的战术风格，2002 年罗微入选国家队，队友都称她为“辣妹”，同年获得釜山亚运会 67kg 第 3 名，2003 年参加了德国世界锦标赛一举夺冠。经过一年的精心备战，在陈立人、卢秀栋两位教练的带领下，与师姐陈中一同如愿到了奥运会的发源地——希腊雅典，开始了她的寻梦之旅。

然而，当抽签结果一出来时，所有的人都倒吸了一口冷气，根据抽签结果，罗微分在上半区，而她的两个主要对手都在上半区，罗微的对手实在是太强大了，如果要一路打到底，罗微等于把世界强手全部打了个遍，4 个对手都是世界冠军，实力非常强。第一轮对韩国“黑马”黄敬善，这就是一场生死战。上半区还有罗微的另一个主要对手韩裔挪威人妮娜·索尔海姆，这个选手是个名将，疯起来谁都怕她三分。她是 2003 年世锦赛的第 5 名，特点是进攻积极，前横踢抢攻较好，左右连击能力强。如果进入半决赛，就要碰到世锦赛冠军波多黎各的迪亚茨。总教练陈立人掰开指头一个个算着：“好不容易到了决赛，一看，竟然对阵的是希腊选手，我们又是一惊。”

然而罗微在比赛中表现出了非常昂扬的斗志，气势很盛，进攻也非常积极。在前 3 轮比赛中，罗微首先以 10∶8 将韩国小将黄敬善击败，第 2 轮又以 5∶4 险胜挪威选手索尔海姆，半决赛以 5∶3 战胜波多黎各的迪亚兹，挺进决赛。最终，罗微以 7∶6 险胜东道主运动员米斯塔基多夺取 67kg 冠军。

2006 年罗微又勇夺中国公开赛以及多哈亚运会金牌，2007 年世界锦标赛，罗微在带伤参赛的不利条件下获得了 72kg 第 3 名，再次证明了自己的实力。而令人遗憾的是，由于受参赛名额的限制，罗微与陈中在同一个奥运参赛资格争夺的过程中最终没能入选，失去了在家门口卫冕的机会，但罗微的心态依然很平静，她表示不能参加北京奥运会并不是自己运动生涯的终点，谁夺得冠军都是中国人的荣誉，充分展现出大将风范与豁达的心境。

七、“无影腿”——吴静钰

吴静钰，女，1987年2月1日出生于江西省景德镇市，身高1.66米，体重50kg。爱好唱歌、看书。

吴静钰总是一头短发、一身国家队队服。“你怎么不打扮打扮你自己啊?”有人关心地问。在场上杀气十足的吴静钰却突然没了主意，抿着嘴琢磨半天也吐不出一个字。直到旁人为她化解：“我们吴静钰对自己长相有自信，不用打扮。”她才小鸡啄米一样地点头。

刚开始练习跆拳道时，吴静钰还只是从兴趣出发。然而真正走入跆拳道世界后，她才真正地认识到兴趣的背后是枯燥的训练和离家的痛苦。到了国家队后，她更是认识到了支撑她取得好成绩的是为国争光的巨大力量，是赛场上观众们的加油助威声。

在吴静钰还不知道偶像为何物时，她喜欢站在冠军领奖台上的人；在吴静钰还不知跆拳道为何物时，她梦想有一天国歌也能因为她响起；当吴静钰还没有到为自己确定人生目标的年龄时，她认为自己长大后应该从事一项有创造性的职业。

2002年全国青年锦标赛，吴静钰在决赛中以38∶22的比分夺得了个人运动生涯的第一个全国冠军，38分的单场比赛最高得分这个纪录目前仍未被打破。她由此而获得了“无影腿”的美誉。

而就在比赛前一天，一群人进入训练馆，一番挑选和议论之后，得出一个结论，那个叫吴静钰的孩子眼睛里有杀气。这队人马走后，吴静钰兴奋不已，她以为是国家队来挑人。之后她得到消息，来挑人的是电影《跆拳道》剧组。半个月后，吴静钰第一次正式“触电”。她在陶红主演的《跆拳道》中出演“少年刘立”。《跆拳道》讲述了刘立（陶红、吴静钰饰）和杨卉（吴迪饰）这对好朋友，从跆拳道爱好者成长为运动员的故事。

在2003年到2005年的两年中，无论是在全国青年锦标赛、全国锦标赛还是在世青赛、大运会上，吴静钰连续10次夺得冠军。

2006年多哈亚运会，吴静钰为中国跆拳道夺得了第1枚金牌；2007年是吴静钰首次参加世锦赛，在前两轮的比赛中她发挥得并不太好，但在此后的比赛中，发挥一场比一场出色，状态也是越来越兴奋。在半决赛对中国台北的杨淑君的比赛中，她就一个右腿高位横踢击中对手头部，这份霸气令对手根本无法阻挡，吴静钰无可争议地以3∶0昂首挺进决赛。决赛中，吴静钰发挥得淋漓尽致，2次下劈腿击中泰国选手姚瓦帕的头部，并在第2局中就以5∶0的大比分领先，面对发挥神勇的吴静钰，无奈的姚瓦帕只能选择弃权。

前两届奥运会，中国队参加的都是67kg以及67kg以上级，共获得了3枚金牌，也正因如此，女子中大级别水平进入了国际领先的行列。然而随着罗微的伤病缠身与状态的下滑，该级别已经没有夺冠的实力，再加上小级别的异军突起，国家队最终放弃了67kg而选择了49kg。在最近2年与王莹的比赛中，吴静钰占据了绝对的优势，由此也确立了一号主力的位置。

2008年北京奥运会，8月20日，吴静钰开始了她的奥运征程。首场比赛以7∶0轻松战胜肯尼亚的米尔德雷德；第2场8∶1将瑞典的汉娜挡在4强之外；半决赛吴静钰最强劲的对手就是中国台北运动员杨淑君。在2008年4月的亚洲锦标赛决赛中吴静钰曾以3∶4惜败给杨淑君。这场比赛可以说是当今世界跆拳道界公认的顶级的对抗。

比赛一开始，吴静钰便使出了她的招牌动作下劈腿率先得到2分，而杨淑君的表现实在让人失望，动作缓慢，丝毫没有以往的霸气。在第1局即将结束时，吴静钰通过1次反击得到1分。第2局，杨淑君扳回1分。第3局，吴静钰再一次通过反击得到1分，场上的比分差距再次被拉大到3分，此时的杨淑君已经完全没有了信心与战斗力，吴静钰成功闯进决赛几乎一只手已触摸到了金牌。

决赛的对手是一名不见经传的17岁的泰国小将布特蕾·贝德蓬，在她的国际比赛中并没有什么成绩，杀入决赛出乎很多人的意料。面对吴静钰的攻势，贝德蓬只是在防守与消极等待，没有任何进攻的迹象，又因消极进攻与出界而被判警告，最终以-1∶1的比分将吴静钰送上了冠军的宝座。比赛场面虽然略显沉闷，但对于首次参加奥运会的吴静钰来说获得金牌是她的最大愿望。

2012年伦敦奥运会，在总共4场比赛中，吴静钰共获得51分，失10分，场均净胜对手10分以上，以绝对实力卫冕了女子49kg的冠军。

吴静钰主要国际比赛成绩如下。

2004 年世界青年锦标赛 49kg 冠军；

2005 年世界大学生运动会 47kg 冠军；

2006 年亚洲锦标赛 47kg 亚军；

2006 年世界杯 47kg 亚军；

2006 年多哈亚运会 47kg 冠军；

2007 年世界锦标赛 49kg 冠军；

2008 年亚洲锦标赛 51kg 亚军；

2008 年北京奥运会 49kg 冠军；

2009 年世界锦标赛 49kg 第 3 名；

2010 年亚洲锦标赛 49kg 冠军；

2011 年世界锦标赛 49kg 冠军；

2012 年伦敦奥运会 49kg 冠军。

八、中国台北奥运冠军第一人——“霸王花”陈诗欣

陈诗欣，女，中国台北跆拳道运动员，1978 年 11 月 16 日出生，身高 1.66 米，体重 47kg。

陈诗欣从事跆拳道运动十余年，秉持着刻苦耐劳、从不懈怠的精神连续勇夺 3 届世界杯金牌，并在 2001 年东亚运动会中为中国台北夺得大会第 1 枚金牌。

连续世界杯封后，陈诗欣觉得没有竞争对手，跆拳道不再好玩，再加上父亲教女甚严，她又有些“叛逆”，于是在 18 岁的时候选择离家出走，远离跆拳道舞台。

在两年多的“自我放逐”时间内，陈诗欣曾摆过地摊、做过电玩小妹，并且差点在朋友的怂恿下当了酒店小姐。谈起陈诗欣这些年少轻狂的往事，她的大姑妈陈金芳说：“小孩子哪个不叛逆？她当时只是想证明没有爸爸，自己也能养活自己，除了跆拳道还有一技之长。”然而随着年龄增长，陈诗欣逐渐从叛逆情感中清醒，借由一个不经意看见的电视广告词“子欲养而亲不待”的鼓舞，她选择在父亲生日当天回家，并诚心祈求家人的原谅。

隔天换上许多年未穿的道服，陈诗欣便全心投入到训练中。凭着吃苦耐劳、坚持到底的精神，陈诗欣接连拿下世界杯、东亚运动会、奥运会亚洲区资格赛以及荷兰公开赛的金牌。她已经正式宣布：我回来了！

从巅峰跌落谷底，再重新站起来，如今复出参加奥运会，父亲一再提醒女儿要把握这次机会，不能再让它流失，这是最接近奥运金牌的一次，一定要全力以赴。陈诗欣自己也明白，如果今年无法夺金，她可能没有机会再向奥运会挑战了。

北京时间 2004 年 8 月 27 日凌晨，陈诗欣在雅典奥运会上，以 5∶4 险胜古巴选手拉布拉达夺取金牌，这是中国台北在奥运会历史上获得的首枚金牌。

2004 年 8 月 30 日，《海峡都市报》以“陈诗欣霸王花开——百年奥运会之十大无敌美女”为标题，报道了中国台北奥运冠军第一人陈诗欣。场外的她是一个文文静静、乖乖巧巧的小女孩，但只要进了赛场，两眼一瞪，我们就开始知道什么叫作“霸王花”了，知道什么叫作“巾帼英雄”。从离家出走摆地摊的叛逆少女，到成为雅典奥运会跆拳道冠军，实现了中国台北队在奥运会金牌零的突破，陈诗欣以自己戏剧性的人生轨迹，印证了中华民族“浪子回头金不换”的至理名言。

九、跆拳“战神”——朱木炎

朱木炎，男，中国台北跆拳道运动员，1982 年 3 月 14 日出生，身高 1.73 米，体重 58kg。

朱木炎被媒体誉为“战神”和“黄飞鸿再世”。前任 WTF 主席金云龙称朱木炎是 30 年来的奇才。自 2003 年起，他所向披靡，连获世界大学生运动会、德国世锦赛、奥运资格赛和荷兰公开赛冠军。

在 2004 年 8 月 27 日举行的奥运会男子 58kg 的决赛中，朱木炎果然展现了“战神”风范。他以 5∶1 轻松战胜墨西哥选手萨拉扎尔获得冠军，这也是中国台北历史上的第 2 枚奥运会金牌。

在中国台北跆拳道选手连续夺取 2 枚金牌后，香港跆拳道爱好者为之振奋，并把朱木炎视为偶像。香港的许多跆拳道爱好者都称他“台湾李小龙”。

香港和台湾在跆拳道项目上曾有过多次交流。早些时候，中国香港跆拳道的年轻选手还曾前往高雄集训，并曾与此次夺冠的朱木炎和陈诗欣同场练习和交流。看到这两名中国台北选手在雅典夺冠后，香港年轻选手纷纷购买有关朱木炎比赛的录像带，以学习他的动作。

2006 年 8 月 11 日，朱木炎参加了在北京举行的中国国际跆拳道公开赛，但首轮即被淘汰。在 2007 年 5 月 20 日世界锦标赛 1/4 决赛中，朱木炎以 0∶1 负于西班牙选手拉莫斯。赛后，他的教练表示，伤病和状态是影响朱木炎发挥的主要原因，没有得到金牌是意料之中的事情。朱木炎个人也认为，自己目前的状态不好，回去后再刻苦训练，最大的理想是能够在北京奥运会上蝉联冠军，为自己的职业生涯画上完美的句号。

2008 年 4 月，在获得亚洲锦标赛冠军之后，朱木炎有 2 个心愿：一是在北京奥运会上卫冕成功，一是希望女友杨淑君能够夺冠。

首场比赛，7∶0 轻松战胜肯尼亚的迪克森·瓦姆维里。而在第 2 场比赛中，朱木炎负于了最终的银牌得主、多米尼加的尤利斯·加夫列尔·梅塞得斯，接下来的复活赛与铜牌争夺战中，朱木炎取得了胜利。

赛后，朱木炎认为："我已经获得了很多，这是我的最后一届奥运会了，我失败了，但这不是世界末日，明天太阳还会照样升起，退役后我打算出国学习。但杨淑君不会离开跆拳道的，她还会打。"

十、银牌不留遗憾——黄志雄

黄志雄，男，中国台北跆拳道运动员，1976 年 10 月 16 日出生，身高 1.72 米，体重 64kg。主要历史战绩有：1996 年亚洲锦标赛 58kg 银牌、1999 年东亚运动会 58kg 银牌、1997 年世界锦标赛 58kg 金牌、2000 年悉尼奥运会 58kg 铜牌、2002 年釜山亚运会 67kg 金牌、2003 年世界锦标赛 67kg 金牌。黄志雄最想获得的就是奥运会金牌。雅典是他圆梦的最后机会。

黄志雄本是 58kg 的选手，因为师弟朱木炎在这个级别也成绩斐然，黄志雄特意改练 68kg，让出 58kg 比赛的名额。

决赛中，比黄志雄高出半个头的伊朗选手哈迪·赛博内赫科哈勒利用身高腿长的优势频频发起猛攻，黄志雄则全力防守反击。最终黄志雄以 3∶4 遗憾败北，没有圆自己的金牌梦。台下的女友、中国台北队的跆拳道运动员洪佳君伤心不已，泪水浸透了双眼。

悉尼他获得了铜牌。

雅典他获得了银牌。

他离奥运会金牌只有一步之遥。

与金牌擦肩而过的黄志雄一脸平静，尽管这是他的告别演出，尽管他没能用金牌让这场演出圆满落幕。对于一个运动员来说，这应该是个终生的遗憾。但是黄志雄无怨无悔，跆拳道这是他自己的选择。

雅典奥运会后，黄志雄和相恋多年的女友洪佳君步入婚姻殿堂，之后赴美深造。

十一、传奇家族的骄傲——“玉面杀手”斯蒂文·洛佩兹

洛佩兹家族在美国可谓是家喻户晓，大哥简·洛佩兹是美国跆拳道队主教练，老二斯蒂文·洛佩兹、老三马克·洛佩兹与小妹戴安娜·洛佩兹都是跆拳道选手。2005 年西班牙马德里世界锦标赛，在大哥简·洛佩兹的带领下，其余三兄妹均获得了冠军，也缔造了一段传奇佳话。而在四兄妹中最出名的要数奥运会两连冠、世界锦标赛五连冠斯蒂文·洛佩兹。

斯蒂文·洛佩兹是世界上最优秀的男子跆拳道运动员之一，1978 年 11 月 9 日出生，身高 1. 85 米，体重 78kg。2001 年完成了大满贯伟业，白皙的面孔下透露着层层杀机，人称“玉面杀手”，在他所参加的各种比赛中都取得过骄人的战绩，奥运会两连冠、世界锦标赛五连冠，他的战绩迄今为止令所有运动员都刮目相看。

2000 年悉尼奥运会上他就曾为美国队夺得男子 68kg 金牌。出征雅典，美国跆拳道队就将夺取金牌的重任寄托于洛佩兹，希望他再有所突破。果然，在男子 80kg 决赛中，洛佩兹以 3∶2 战胜土耳其的坦里库鲁，这是 4 年之内洛佩兹获得的 2 个不同级别的奥运会金牌。

2007 年世界锦标赛 78kg 决赛中，洛佩兹遭遇了最强的对手韩国人张昶瑕。由于两人知己知彼，双方都没有贸然进攻，3 局之后，比分打平，必须通过“突然死

亡法”决定冠军归属。也许正是半决赛的“演练”让洛佩兹更有经验，他主动进攻，以一记漂亮的腾空侧踢将对手击倒在地，从而获得了世锦赛的四连冠。赛后洛佩兹在接受记者采访时异常兴奋并明确表示，2008 年他一定会全力争取奥运会三连冠。

而这一次命运似乎和洛佩兹开了一个玩笑。第二场比赛，洛佩兹对阵身高达到 1.96 米的意大利运动员毛罗・萨尔米恩托。比赛进行到第三局，洛佩兹 2∶1 领先，随后因进攻违例被判罚警告，加上第 2 局的一个警告，场上比分变为 1∶1，无奈进入加时赛。

对于久经沙场的老将来说，加时赛多次经历，洛佩兹已经保持了 5 年的国际比赛常胜纪录。而就在比赛进行到第 32 秒时，毛罗・萨尔米恩托先得 1 分，比赛结束了，洛佩兹奥运会三连冠的梦想也就此破灭。

最终，洛佩兹获得了 1 枚宝贵的铜牌。加上马克・洛佩兹的 1 枚银牌与戴安娜・洛佩兹的 1 枚铜牌，三兄妹都获得了奖牌，证明了传奇家族的伟大，传奇与梦想还将延续。

2009 年哥本哈根世界锦标赛，斯蒂文・洛佩兹史无前例地连续第 5 次获得冠军，并被赛事组委会评为最佳男子运动员。

斯蒂文・洛佩兹获得的主要国际比赛战绩如下。

1994 年世界杯 67kg 第 3 名。

1997 年世界杯 67kg 冠军。

1998 年世界杯 67kg 第 3 名。

1999 年泛美锦标赛 67kg 冠军，泛美运动会 67kg 冠军。

2000 年悉尼奥运会 68kg 冠军。

2001 年世界锦标赛 72kg 冠军。

2002 年世界杯 72kg 第 3 名。

2003 年世界锦标赛 72kg 冠军。

2003 年世界杯 72kg 冠军。

2004 年雅典奥运会 80kg 冠军。

2005 年世界锦标赛 78kg 冠军。

2007 年世界锦标赛 78kg 冠军。

2008 年北京奥运会 80kg 第 3 名。

2009 年世界锦标赛 80kg 冠军。

十二、跆坛“巨无霸”——文大成

文大成，男，1976 年 9 月 3 日出生于韩国仁川广域市，身高 1.91 米，体重 91kg。文大成从小就聪明活泼、诚实自信、谦虚有礼。

文大成是韩国最优秀的跆拳道选手之一，技术全面、反应敏捷，腿部力量非常大。据资料显示，文大成的深蹲可达 242kg。在韩国国内乃至国际性的比赛中都少有败绩，获得过无数大赛的冠军，被认为是韩国队的“希望之星”。

雅典奥运会，文大成迎来了人生最辉煌的时刻，然而，命运多舛，半决赛中，文大成的膝关节严重受伤，开局以 1∶2 落后，面对不利局面，他忍痛作战，最终以 5∶3 挺进决赛。

北京时间 2004 年 8 月 30 日凌晨，法里罗海滨区奥林匹克体育馆，文大成与他的对手——人高马大的东道主希腊运动员尼古拉迪斯在决赛中相遇。比赛刚一开始，文大成便积极进攻，不给对手任何机会，显示出了必胜的势头，而尼古拉迪斯也不甘示弱，与文大成展开较量。但几个回合之后，双方的实力差距便显示出来，面对文大成潮水般的进攻，尼古拉迪斯显得力不从心。果然，第 1 局尚未结束，尼古拉迪斯右横踢腿进攻，文大成抓住这个反击的绝佳机会，一个非常漂亮的左腿腾空后旋将其击倒，在读秒后确认尼古拉迪斯无法继续比赛时，主裁判立即终止了比赛，宣布文大成以 K. O（Knock Out）方式获胜。

退役后，功成名就的文大成在韩国东亚大学任教，一方面继续为跆拳道事业做贡献，另一方面积极参加各种社会公益活动。在 2006 年 5 月韩国 SBS 电视台为儿童募捐而举办的马拉松活动中，文大成作为公众人物被邀请参加。结果，他用了一天一夜的时间跑完 100 公里路程，本次活动募捐到了 14 亿 9 千万韩元。

2008 年 8 月 21 日，文大成以 3 220 张选票高票当选为国际奥委会委员。

十三、“民族英雄”——哈迪·赛博内赫科哈勒

哈迪·赛博内赫科哈勒，男，伊朗跆拳道运动员，1976 年 6 月 10 日出生在伊朗首都德黑兰的郊区，身高 1.82 米，体重 72kg，道龄 26 年。

提起哈迪，伊朗人从不吝惜赞美之词，“民族英雄”是给予他最朴实也最贴切的赞誉。在伊朗这个多民族混合而居的国家里，能被赋予“民族英雄”称谓肯定是为国家做出了重大贡献的人，这个称谓从他站在雅典奥运会冠军领奖台的那一刻起。

2004 年雅典奥运会，作风硬朗、打法凶悍的哈迪在半决赛中与韩国的宋明燮狭路相逢。在男子跆拳道界除了美国队之外，也就只有伊朗队具备和韩国队叫板的实力。而自 2000 年之后，哈迪在和韩国运动员的比赛中胜多负少，心理上占据绝对的优势，而在技术上，哈迪和宋明燮可谓实力相当，难分上下。结果，心理上略胜一筹的哈迪将宋明燮挡在了决赛的大门之外。

决赛中，哈迪以 4∶3 的微弱优势击败了中国台北运动员黄志雄获得男子 68kg 的冠军。“我非常高兴能够夺得奥运金牌，在 4 年前的悉尼奥运会上我没有实现目标，只获得了铜牌。所以，为了雅典奥运会我等待了 4 年。在训练中我非常刻苦。我想告诉大家的就是如果没有伊朗跆拳道协会和教练的帮助我是不可能获得金牌的，我会尽可能地延长我的运动生涯，我非常期待 2008 年北京奥运会!”哈迪如是说。

蝉联冠军是他新的动力与追求。2007 年，北京世界跆拳道锦标赛，伊朗队主教练哈桑一再表示，哈迪的状态非常好，并没有出现任何下滑的情况，仍旧是世界上最好的运动员。哈迪在半决赛遭遇阿富汗选手，原本以为是一场毫无悬念的比赛，但却被拖入了加时赛。由于裁判的两次警告直接导致哈迪被淘汰。

更为不利的是，2007 年 9 月奥运会资格赛，伊朗队选报的是男子 68kg 和 80kg，这两个级别在 2 届奥运会上都曾获得过奖牌。代表伊朗男队出征世界区资格赛的两名选手正是为伊朗赢得奥运奖牌的一号选手哈迪和约瑟夫，遗憾的是，这两名选手分别在半决赛和第 2 轮出局，在伊朗国内引起了不小的轰动。担任伊朗国家队十多年之久的主教练哈桑不得不辞职。根据世跆联规定：未获得资格的队伍

可以改报参赛级别。于是，在亚洲区资格赛中重新选定了男子58kg和男子80kg，并最终由奥米德和哈迪夺取了北京奥运会入场券。

32岁的哈迪绝对是本届奥运会中道龄最长、资历最老的跆拳道运动员，而由于其改打80kg的比赛，所以身高、体重都是处于劣势。但是哈迪威风不减当年，首场比赛7∶0优势战胜尼泊尔的迪帕克·比斯塔，第2场3∶2险胜中国运动员朱国，半决赛4∶1战胜阿塞拜疆的拉沙德·艾哈迈多夫，决赛中的对手是身高达到1.96米的意大利运动员毛罗·萨尔米恩托，该运动员在之前的比赛中将美国名将斯蒂文·洛佩兹击败。决赛中，哈迪一度以1∶4落后。关键时刻，哈迪再次展现了其战神本色，在第2局即将结束时将比分扳平，第3局又将比分改写为6∶4，成功捍卫了伊朗跆拳道强国的荣誉，也追平了斯蒂文·洛佩兹2金、1铜的奥运会纪录。在接受记者采访时哈迪表示："为了能获得冠军，我在训练营一直待了7个月，天天坚持训练。"

2008年11月8日，在德黑兰举行的首届西亚跆拳道锦标赛上，在哈迪象征性地参赛之后，随即宣布退役。退役之后，哈迪希望能够成为伊朗国家队的主教练，同时还希望能够获得体育教育学的硕士学位，之后还要攻读经营管理学博士学位。哈迪喜欢骑马，通过在马背上驰骋，锻炼出他钢铁一样的身躯，哈迪自己有3匹马，想必在退役之后，他也将在马背上过属于自己牧马休闲的逍遥生活。

哈迪主要国际比赛战绩如下。

1995年伊朗世界军人锦标赛78kg亚军。

1996年克罗地亚世界军人锦标赛78kg第3名。

1998年德国世界杯72kg冠军。

1999年加拿大世界锦标赛72kg冠军。

1999年克罗地亚奥运会资格赛68kg冠军。

2000年法国世界杯72kg冠军。

2000年悉尼奥运会68kg第3名。

2001年越南世界杯72kg冠军。

2002年约旦亚洲锦标赛72kg亚军。

2002年日本世界杯72kg冠军。

2002年釜山亚运会72kg冠军。

2003 年德国世界锦标赛 72kg 亚军。

2004 年雅典奥运会 68kg 冠军。

2005 年西班牙世界锦标赛 72kg 冠军。

2006 年泰国亚洲锦标赛 72kg 冠军。

2006 年多哈亚运会 72kg 第 3 名。

2007 年中国世界锦标赛 72kg 第 3 名。

2008 年北京奥运会 80kg 冠军。

思考题：

1. 现代跆拳道运动的发展大约经历了哪几个阶段？
2. 跆拳道的特点与作用是什么？
3. 现代跆拳道运动风靡全球的原因是什么？
4. 简述跆拳道技术等级的划分与晋升考核要求。
5. 简述我国跆拳道运动的兴起与发展现状。

第二章 跆拳道技术

跆拳道技术是指充分发挥运动员人体机能潜力、合理有效地完成动作的方法。跆拳道的技术就其本质来讲，其目的和作用是为了攻击对手，或是为了化解对手的进攻并对其进行反击。运动员为了取得比赛的胜利，围绕这一目的对技术进行选择与运用，不同的运动员根据自身的条件选择不同的技术，由此便形成了不同的技术风格。

第一节 跆拳道礼仪

跆拳道中的“礼仪”是跆拳道基本精神的体现。

虽然跆拳道是以格斗的形式进行的，但是不管怎么激烈，由于双方都是以提高技艺和磨炼意志品质为目的，所以在双方各自的内心深处都必须持有向对方表示敬意和学习之心，因此在练习或比赛前后都要向对方敬礼。正所谓：“以礼始，以礼终。”跆拳道最常用的是行鞠躬礼，而站姿与坐姿则用于听老师讲解或短暂的休息。

一、敬　礼

（一）鞠躬礼

面向对方直体站立，两脚并拢，躯干前倾30°，头部前倾45°，双手握拳或掌贴于腿侧（图2－1、图2－2），礼毕后还原成立正姿势。

图2－1

图2－2

（二）握手礼

双方面对面站立，两脚并拢，躯干前倾30°，头部前倾45°，伸出右手互相握手，左手变掌置于右肘关节下方（图2－3），礼毕后还原成立正姿势。

图2－3

二、站 姿

（一）并脚站立

两脚并拢自然并立，挺胸抬头，目视前方，双手握拳或掌贴于腿侧（图2－4、图2－5）。

图2－4

图2－5

（二）跨 立

两腿左右分开，两脚间距离大约与肩同宽，挺胸抬头，目视前方，右手握拳，左手握于右手腕部，然后双手叠加置于腹前或背后（图2－6正面、图2－7背面）。

三、坐 姿

双腿盘腿坐下，双手握拳置于膝盖上，挺胸抬头，目视前方（图2－8）。

图2－6 正面

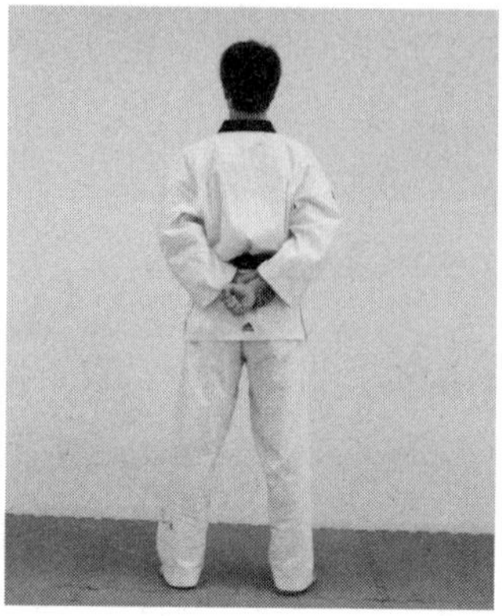

图2－7 背面

图2－8

第二节　跆拳道技术体系

一、跆拳道技术体系概述

跆拳道技术是指充分发挥跆拳道运动员人体机能潜力、合理有效地完成动作的方法，这些技术有机地互相联系而构成的一个整体称为跆拳道技术体系。系统工程理论认为，任何事物都是完整的、互相制约的、互相作用、互相联系和互相转化的系统。系统方法要求在观察和研究对象时要注意它的联系性，不仅包括其各个组成部分之间是互相联系的，而且它与周围的环境也是互相联系的。系统方法还把事物看成是动态的、有序的系统。所以说，跆拳道技术体系是一个复杂的、互相联系、互相制约的整体。

二、跆拳道技术的分类

技术动作是技术的载体，跆拳道技术动作种类繁多，在基本技术的基础上衍生出为数众多的各种技术动作。跆拳道的技术就其本质来讲，其目的和作用是为了攻击对手，或是为了化解对手的进攻并对其进行反击。运动员为了取得比赛的胜利，围绕这一目的对技术进行选择与运用，不同的选手根据自身的条件选择不同的技术，并对技术进行各自不同的变形，由此产生了不同的技术风格。

跆拳道的技术简单实用，其基本技术是所有技术的精髓和灵魂，任何技术变化、运用都是在基本技术的基础上发展与衍生出来的。但是，基本技术只是跆拳道技术规范和理想化的单个技术，在实战比赛中，基本技术需要根据时机、距离、战术和运动员自身的条件加以变形才能有效的使用（表2－1）。

表2－1 跆拳道基本技术统计

基本技术	技术动作
实战姿势	标准姿势、侧向姿势、低位姿势
拳法	进攻：直拳 防守：上格挡、下格挡、内格挡、外格挡
腿法	前踢、横踢、侧踢、推踢、下劈、后踢、后旋踢
步法	品势中的步形：准备姿势、开立步、马步、弓步、后弓步、前探步、虚步、交叉步、并步、单脚立 实战中的步法：前后滑步、上步与撤步、原地跳换步、左右侧移步、疾步、冲刺步

按照技术动作的结构分类可分为基本技术、组合技术及综合技术。

按照技术动作的功能分类可分为进攻技术、防守技术、反击进攻技术、反反击技术、连接技术、假动作技术、攻防组合技术及攻防综合技术。

三、跆拳道技术体系构成

跆拳道的技术无论其性质、功能、结构或在整个技术体系中所处的位置，都是一个相对独立的技术，而各个独立的技术的有机结合即构成完整跆拳道技术体系。由此可以归纳出跆拳道技术体系构成是由礼仪、基本技术、组合技术、综合技术构成一级技术体系。由礼法、实战姿势、进攻技术、防守技术、反击进攻技术、反反击技术、连接技术、假动作技术等构成二级技术体系。由敬礼、坐姿、站姿、几种实战姿势站法、拳法技术、腿法技术、步法技术等构成三级技术体系（表2－2）。

表2－2　跆拳道技术体系构成

一级体系	二级体系	三级体系
礼仪	礼法	敬礼、坐姿、站姿
	实战姿势	标准、侧向与低位实战姿势
	进攻技术	拳法进攻与腿法进攻技术
	防守技术	手法、腿法与步法防守技术
基本技术	反击技术	拳法反击与腿法反击技术
	反反击技术	拳法反反击与腿法反反击技术
	连接技术	步法连接与腿法连接技术
	假动作技术	步法、身体与表情假动作技术
	进攻与进攻技术	
	进攻与防守技术	
	进攻与反击技术	
	进攻与步法技术	
组合技术	防守与防守技术	
	防守与反击进攻技术	
	步法与防守技术	
	步法与反击进攻技术	
	假动作与各种组合技术	

续表

一级体系	二级体系	三级体系
综合技术	进攻、防守、反击进攻、反反击、假动作连接技术、组合技术的各种技术综合运用	

由表2－2可以看出，跆拳道中的“礼仪”是跆拳道基本精神的体现，虽然跆拳道是以格斗的形式进行的，但是不管它怎么激烈，由于双方都是以提高技艺和磨炼意志品质为目的。所以在双方各自的内心深处都必须持有向对方表示敬意和学习之心，因此在练习或比赛前后都要向对方敬礼。正所谓：“以礼始，以礼终。”所以“礼仪”是跆拳道技术中的一级体系。跆拳道基本技术是所有技术的灵魂，任何技术的变化、运用都是在基本技术的基础上发展与衍生出来的。基本技术从另一个角度来说又只是跆拳道技术规范化和理想化的单个技术，在实战比赛中，基本技术需要根据时机、距离、战术和运动员自身的身体条件加以变化才能有效的使用。

第三节　跆拳道使用部位和动作要求

跆拳道使用部位有很多，但是在品势与特技表演以及实战比赛中有严格的区别，有些动作是为了优美好看却不能在实战比赛中运用，品势或特技表演中一般都是赤手空拳没有任何保护装置，而在实战比赛中要求必须佩戴所有护具来保护运动员的安全。

一、拳

拳在竞技比赛中主要就是正拳（也称平冲拳或直拳），在品势中则有正拳、勾拳、锤拳、平拳、中突拳等几种。

（一）正　拳

正拳也称平冲拳或直拳，将手的四指并拢并握紧，拳面要平，然后拇指压贴于食指和中指的第二指节上。使用正拳时，则用拳的正面的食指和中指部分击打（图2－9）。

（二）勾　拳

握法同正拳，使用时用食指和中指关节根部的突出部分击打（图2－10）。

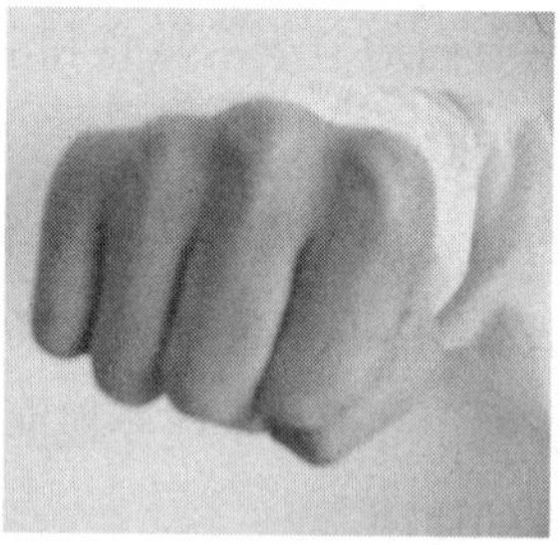

图2－9

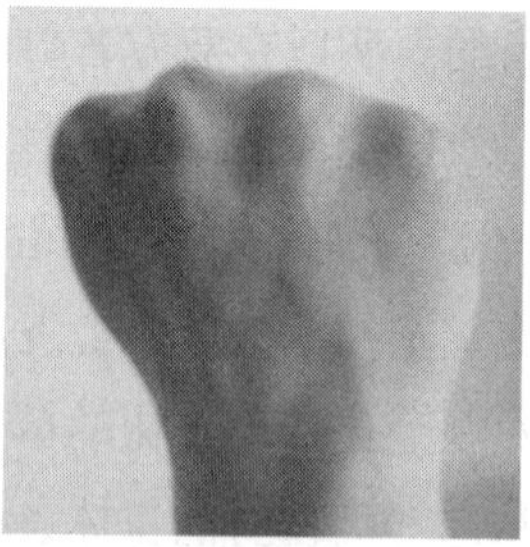

图2－10

（三）锤　拳

握法同正拳，使用时用小指和手腕间的肌肉部分击打（图2－11）。

（四）平　拳

向前平伸拳，然后把手指的第二指节弯曲，指尖贴紧手掌，拇指弯曲紧贴食指尖，用第二指尖击打（图2－12）。

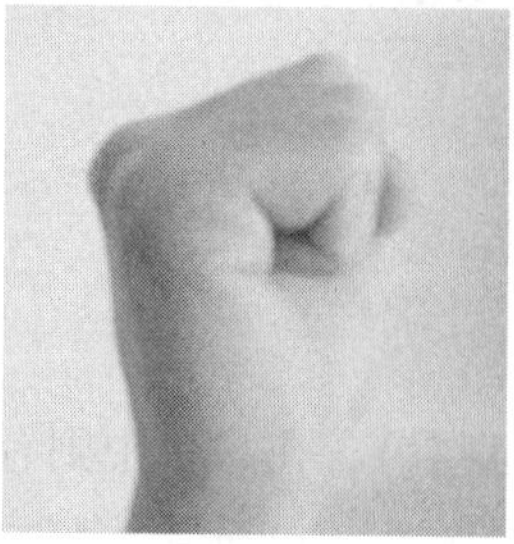

图2－11

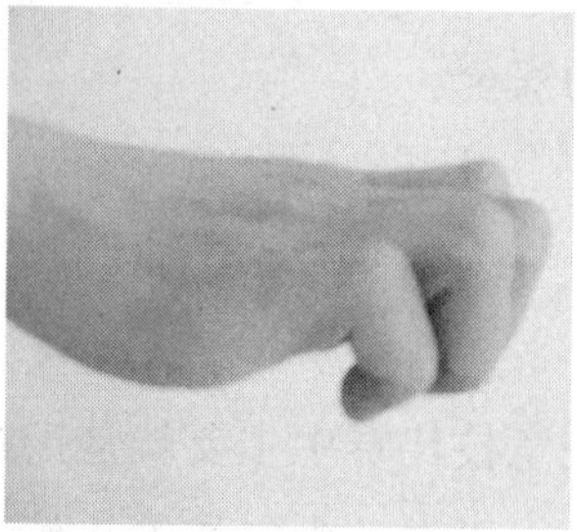

图2－12

（五）中突拳

中指或食指从正拳的握法中突出，主要是击打太阳穴和两肋部（图 2－13、图 2－14）。

图 2－13

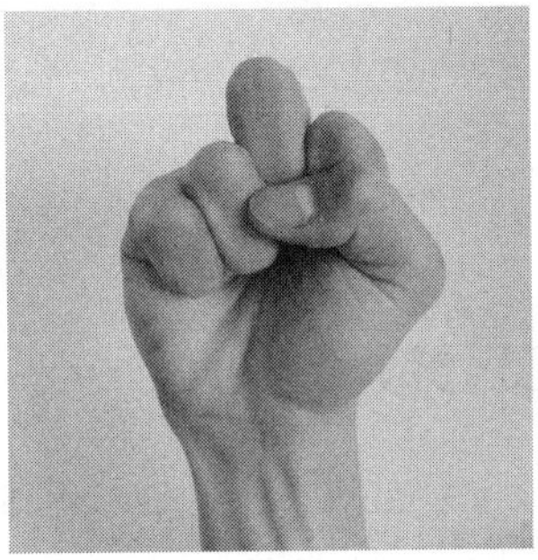

图 2－14

二、掌

（一）手　刀

四指伸直，拇指弯曲靠近食指，用小指侧的掌外沿攻击对方。只局限于在品势中使用（图 2－15）。

（二）背　刀

此掌法与手刀相对，用食指侧攻击对方。只局限于在品势中使用（图 2－16）。

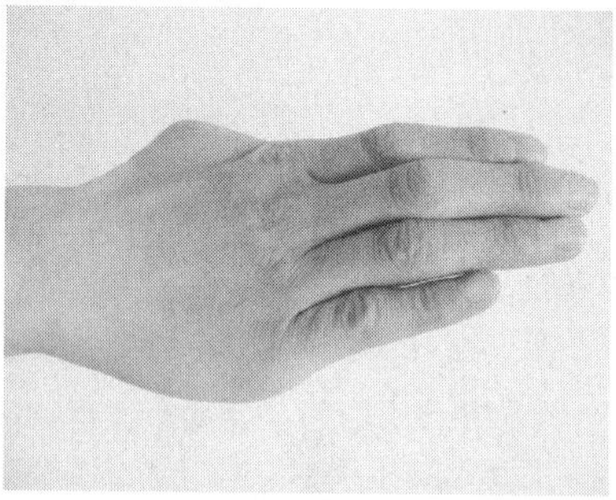

图 2－15

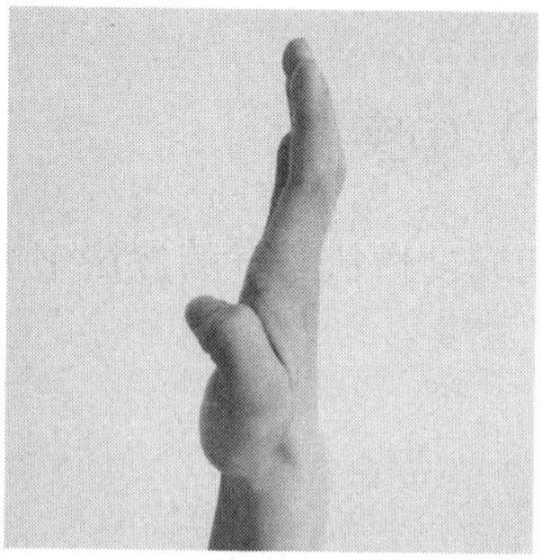

图 2－16

（三）贯　手

手形与手刀基本相同，要求微屈中指，主要用四指或食指与中指指尖戳击对方的要害部位，如戳击对方的眼睛、喉部等。只局限于在品势中使用（图 2－17、图 2－18 为二指贯手）。

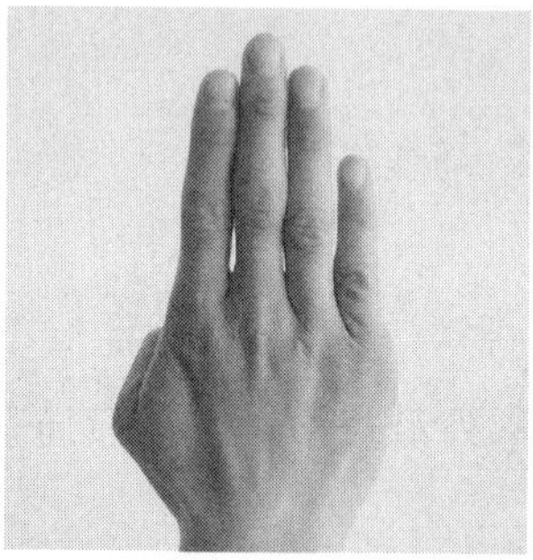

图 2－17

图 2－18

三、臂　部

（一）腕　部

腕关节的周围部位，主要用于防守。

（二）肘 部

用肘的鹰突关节攻击，只局限于在品势中使用（图2－19）。

图2－19

（三）前臂和上臂

主要是用于防守，而在竞技比赛中运动员经常使用前臂外侧格挡防守。

四、脚部和膝部

跆拳道比赛中，运动员主要以腿攻为主，所采用的脚的部位是脚面、足刀、脚尖和脚跟。

（一）脚 面

用脚的正面部分攻击对方，主要用来踢击对方髋关节以上、锁骨以下被护具包围的部位和头部的侧前剖面（图2－20）。

（二）足 刀

用脚外沿侧蹬对方，多用于侧、推踢（图2－21）。

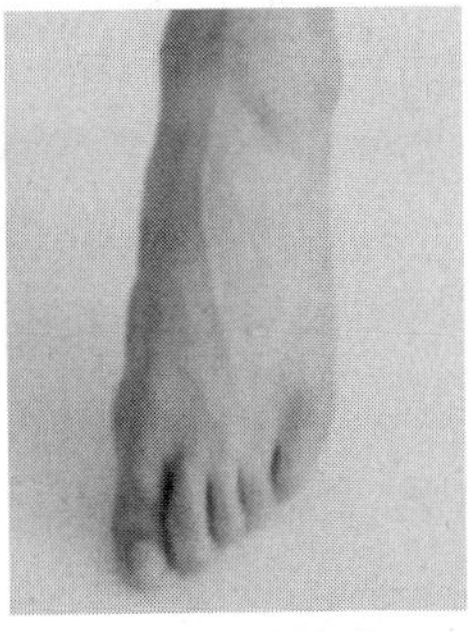

图2－20

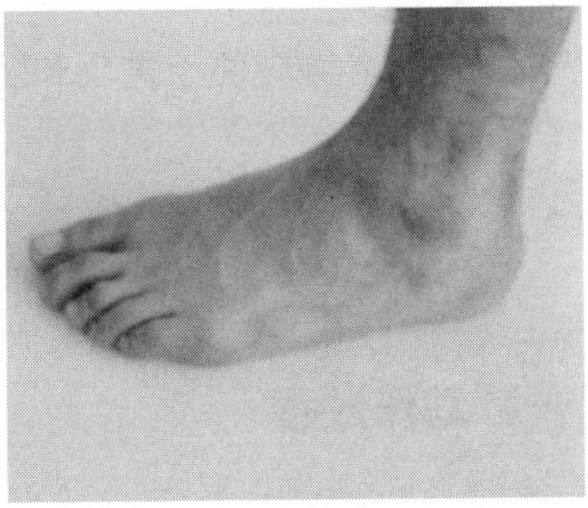

图2－21

（三）脚　底

包括用脚尖、前脚掌与脚后跟攻击对方（图 2－22）。

（四）膝　部

用膝盖顶击对方，只局限于在品势中使用（图 2－23）。

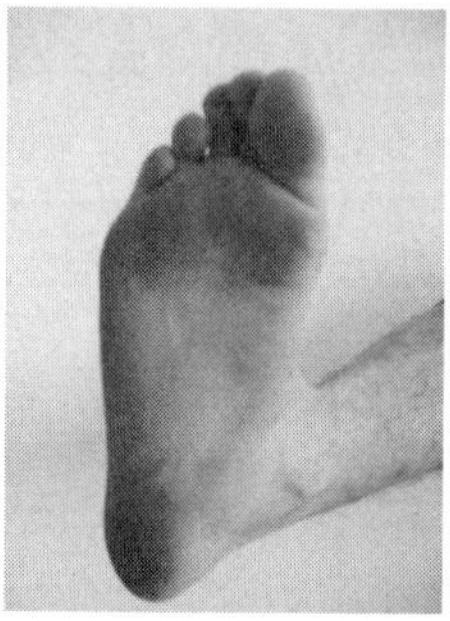

图 2－22

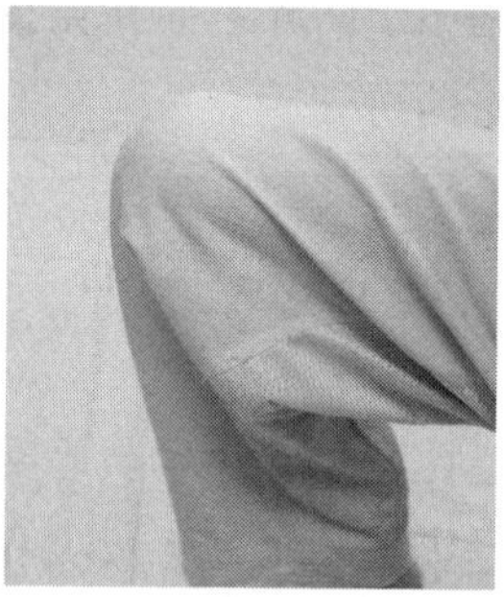

图 2－23

第四节　跆拳道实战姿势

实战姿势也称准备姿势或预备姿势，是竞技跆拳道比赛中双方开始时的基本站立姿势。实战姿势应便于进攻和防守反击以及步法的移动。

一、标准实战姿势

（一）动作过程

1. 两脚前后与肩同宽，脚尖 45°斜向右前方，脚跟微抬起。
2. 双手握拳，拳心相对，两臂弯曲置于胸前，目视前方（左脚在后称左架实战姿势，右脚在后称右架实战姿势，大部分练习者习惯于站右架实战姿势）。

3. 膝关节微屈，重心落于两腿之间（图 2－24①正面、图 2－24②侧面）。

图 2－24①正面

图 2－24②侧面

（二）动作要领

1. 身体自然站立，肌肉放松。
2. 膝关节松而不懈，要有弹性。
3. 心无杂念，无意又有意。

（三）易犯错误

1. 肌肉僵硬，全身紧张。
2. 身体重心偏前或偏后，不利于移动。
3. 膝关节不弯曲，没有弹性。

二、侧向实战姿势

图 2－25

身体完全侧向，两脚的脚尖朝向与对手的实战面成 90°时，则为侧向实战姿势（图 2－25）。侧向实战姿势的优势是躯干被攻击的面积减小，劣势是后腿攻击时的距离长。

三、低位实战姿势

重心下降，大小腿之间的夹角几乎等于90°时，则为低位实战姿势（图2－26①正面、2－26②侧面）。低位实战姿势的优势是重心稳，利于反击，劣势是移动时速度慢。另外，由于重心下降，头部被攻击的概率增大。

图2－26①正面

图2－26②侧面

四、与对手的相关站位

（一）闭式站立

双方运动员都是左架站立或都是右架站立即双方的躯干朝向相反（图2－27）。

（二）开式站立

双方运动员一方是左架，一方是右架即双方的躯干朝向相同（图2－28）。

图 2－27

图 2－28

五、决定实战姿势优劣的几个因素

（一）灵活性。

（二）身体的自然姿势。

（三）敏捷性。

（四）稳定性。

（五）重心。

（六）隐蔽性。

六、实战姿势的理论基础

在比赛中，运动员身体侧对对手，在前面的腿称为前腿，在后面的腿则称为后腿。一般来说，运动员做出实战姿势，要求运动员心理和身体都要放松，重心的高低取决于自己是否能以最快速度向各个方向移动。在比赛中，双方运动员经常有一个互不进攻的短暂阶段，即双方都保持着实战姿势，原因如下。

（一）等对方进攻，自己准备反击。

（二）自己直接进攻得分的把握性不大，犹豫不决。

（三）进行短暂的休息，调整体力。

（四）在比分领先的情况下拖延时间。

此时运动员不一定站在固定位置上，有经验的运动员往往会主动后撤或向一侧移动几步，使对方也不得不随自己而调整实战姿势，而此时也是对方进攻或自己进攻的较好时机，在平时训练课中要进行此方面的专门练习。一般来讲，运动员都有一条腿是自己经常使用的，也就是无论在出腿速度或是力量上都觉得这条腿进攻得点或防守反击更有把握一些，这条腿则被称为优势腿或主打腿或得点腿等。由于大部分练习者习惯于站右架实战姿势，因此将右腿作为优势腿，也有不少运动员将左腿作为优势腿。

七、实战姿势的练习方法

（一）练习左架准备姿势。

（二）练习右架准备姿势。

（三）练习左架与右架之间的原地换步。

（四）一人喊口令，一人练习准备姿势，并可以结合发声来助兴，比如“哈”“呀”“噻”等。

第五节　跆拳道步法技术

跆拳道的步法主要有步形与步法两大类。品势中的步形都是静止不动的，有定型与造型之意，上肢的动作加以配合形成品势固有的步形。而在实战中的步法往往都是动态的，这主要是在比赛中能够保持快速移动以此来寻找进攻的机会或通过步法移动来防守，在学习跆拳道的时候两种都需要练习，步形练习可以提高身体稳定性与控制重心的能力，步法练习可以提高身体灵活性及协调性。

一、品势中的步形

（一）准备姿势

两脚开立与肩同宽，身体自然直立，两脚尖略外展，两手握拳置于腹前（图2－29）。

（二）开立步

两脚开立与肩同宽，身体自然直立，两膝微屈，两脚尖正对前方，两手握拳置于体侧（图2－30）。

图2－29

图2－30

（三）马　步

两脚开立，较肩宽，两脚尖平行或略内扣，挺胸直背，两腿屈膝半蹲，重心落在两脚之间（图2－31）。

（四）弓　步

又称前屈立，前后脚分立，两脚相距一步半，前腿屈膝，后腿伸直，前腿膝关节与脚尖垂直，重心大部分落在前脚上，左脚在前称左弓步，右脚在前称右弓步（图2－32）。

图2－31

图2－32

（五）后弓步

又称后屈立，前后脚分立，两脚相距约一步，后脚尖外展90°，后腿屈膝如同骑马状，前腿膝关节略屈，重心大部分落在后脚上。左脚在前称右后弓步，右脚在前称左后弓步（图2－33）。

（六）前探步

又称高前屈立，如走路姿势。两脚之间距离小于弓步，上体略前倾，前腿膝关节略屈，重心大部分落在前脚上。左脚在前称左前探步，右脚在前称右前探步（图2－34）。

图2-33

图2-34

（七）虚　步

虚步也称作虎步，与后弓步相似，前脚掌点地，脚跟提起，重心落在后腿（图2-35）。

（八）交叉步

一脚向另一脚的前侧（前交叉步）或后侧（后交叉步）落步，脚尖着地，两腿屈膝交叉（图2-36）。

图2-35

图2-36

（九）并　步

两腿直立，两脚跟并拢，脚内侧相靠，两臂握拳自然垂于体侧（图2－37）。

（十）单脚立

抬起一条腿并将脚置于另一腿的膝关节处，只用一条腿站立（图2－38）。

图2－37

图2－38

二、实战中的步法

在跆拳道比赛中，步法是其中重要的一环，尤其在运动员刚开始接触跆拳道这项运动时，要用较多的时间来进行专门的步法练习。由于竞技跆拳道规则的限制，在比赛中运动员主要是用腿攻击和防守反击，因此运动员的步法是否灵活，在一定程度上决定了他的进攻和防守或反击是否能够达到目的，这也使得步法训练在跆拳道训练中占据着重要地位。

（一）前滑步与后滑步

1. 动作过程

右架实战姿势站立（图2－39①），前滑步时两脚同时向前滑进一步；后滑步时两脚同时向后滑一步（图 2－39②）。

图 2－39①

图 2－39②

2. 动作要领

重心起伏不宜过大，尽量使重心平稳移动，两脚稍离地即可。

（二）上步与撤步

1. 动作过程

右架实战姿势站立，后脚向前迈一步即为上步（图 2－40①、图 2－40②）；前脚向后撤一步即为撤步（图 2－41①、图 2－41②）。

图 2－40①

图 2－40②

图 2 - 41①

图 2 - 41②

2. 动作要领

上步时后脚掌蹬地迅速抬腿，同时躯干快速转动。撤步时前脚掌蹬地迅速抬腿，同时躯干快速转动，重心起伏不要过大。

（三）原地跳换步

1. 动作过程

右架实战姿势站立（图 2 - 42①），两脚原地跳动由右架换成左架（图 2 - 42②）。

图 2 - 42①

图 2 - 42②

2. 动作要领

膝关节保持有弹性，两脚稍离地即可。

（四）左右侧移步

1. 动作过程

右架实战姿势站立（图2－43①），左侧移步时左脚向左侧方向平行移动一步（图2－43②），随之右脚迅速向左侧平行移动一步（图2－43③）；右侧移步时右脚向右侧方向平行移动一步，随之左脚迅速向右侧平行移动一步。

图2－43①

图2－43②

图2－43③

2. 动作要领

膝关节要有弹性，水平移动，重心起伏不要过大。

（五）疾步

1. 动作过程

右架实战姿势站立（图2－44①），右腿屈膝抬起向前上步，同时左腿迅速屈膝抬起（图2－44②、图2－44③）。

图2－44①

图2－44②

图2－44③

2. 动作要领

右腿未落地时，左脚要迅速蹬地屈膝抬起，重心落在右腿上。

（六）冲刺步（前交叉步）

1. 动作过程

右架实战姿势站立（图2－45①），左脚先后撤半步，右脚向前上一步，然后左脚再向前上一步（图2－45②～图2－45④）。

图2－45①

图2－45②

图 2－45③

图 2－45④

2. 动作要领

在左脚向后撤步时，身体重心还在两腿之间，不能有起伏，之后的两个上步要快速连接中间不能有停顿。

三、步法练习方法与建议

（一）练习前、后滑步。

（二）练习上步、撤步。

（三）练习左右侧移步。

（四）练习原地跳换步。

（五）练习疾步。

（六）练习冲刺步。

（七）左右架交替练习。

（八）基本掌握动作要领后将几种步法组合起来进行练习。

（九）结合同伴的口令或手势进行步法反应练习。

【活动设计方案】步法练习游戏

练习方法

用脚靶设置成障碍物，每间隔 1 米放置 1 个脚靶，通过快速越过障碍物来提高移动速度以及身体灵活性与协调性。

1. 单腿连续从脚靶上跳过去。
2. 两脚并拢从脚靶上跳过去。
3. 蛇行步从两个脚靶中间跑过去。
4. 波浪形侧移步绕过脚靶。

练习建议

1. 单人练习。
2. 两个人一组进行比赛。
3. 分组接力赛。
4. 将练习者随机分成几个小组，每小组 4 个人，然后进行混合接力赛。

第六节　跆拳道腿法技术

跆拳道基本腿法有前踢腿、横踢腿、侧踢腿、推踢腿、下劈腿、后踢腿及后旋踢共七种。除此之外的腿法都是在这些腿法的基础上演变而来的。

一、前踢腿

前踢腿（英文：Front - Kick，韩文英译：Ap - Chagi）简称前踢，是学习跆拳道的基础，被称作是入门腿法，在实战中使用率不高，而在品势中经常被使用。

（一）动作过程

1. 右架实战姿势站立（图 2 - 46①）。

2. 重心移至左腿，右腿屈膝抬起，脚面绷直，双手握拳自然垂放在身体两侧（图 2－46②）。

3. 向前弹出小腿，用脚面击打目标（图 2－46③）。

图 2－46①

图 2－46②

图 2－46③

4. 击打后大小腿折叠收回（图 2－46④）。

5. 右腿自然下落成左架实战姿势（图 2－46⑤）。

6. 后撤右腿，还原为右架实战姿势（图 2－46⑥）。

图 2－46④

图 2－46⑤

图 2－46⑥

（二）动作要领

1. 膝关节夹紧向前直线抬起，小腿放松，有弹性。
2. 为保持重心，躯干可稍向后倾，髋关节尽量向前送。
3. 击打时脚面绷直。
4. 在小腿弹直的一刹那，要有一个制动的过程，使脚产生鞭打的效果。

（三）易犯错误

1. 髋关节没有向前送。
2. 击打时脚面没有绷直。
3. 膝关节不夹紧，大小腿折叠不充分，造成直腿踢。
4. 支撑脚的脚后跟抬起，造成重心不稳。

（四）练习方法与建议

1. 原地练习提膝，同时向前送髋。
2. 再练弹出小腿。
3. 完整练习前踢动作并能熟练使用。
4. 左、右架交替练习。
5. 逐渐提高前踢的高度和远度。
6. 配合脚靶练习（图 2－47）。

图 2－47

二、横踢腿

横踢腿（英文：Round House－Kick，韩文英译：Dollyo－Chagi）简称横踢，是实战中最常用的技术，可以和任何腿法进行组合，使用率与得分率都是所有腿法中最高的。

（一）动作过程

1. 右架实战姿势站立（图 2－48①）。

2. 重心移至左腿，右腿屈膝抬起，脚面绷直，双手握拳自然垂放在身体两侧（图 2－48②）。

3. 左脚以脚掌为轴向外转动 180°（图 2－48③）。

4. 膝关节抬至水平时小腿迅速横向踢出（图 2－48④）。

5. 击打目标后屈膝收回小腿（图 2－48⑤）。

6. 右腿自然下落成左架实战姿势（图 2－48⑥）。

7. 后撤右腿，还原为右架实战姿势（图 2－48⑦）。

图 2－48①

图 2－48②

图 2－48③

图 2－48④

图2－48⑤

图2－48⑥

图2－48⑦

（二）动作要领

1. 向前提膝时要走直线，膝关节夹紧，脚面绷直。
2. 支撑脚转动要快，髋关节充分打开。
3. 躯干避免过度倾斜。
4. 击打的力点在正脚面。
5. 踝关节放松，击打的感觉如同“面团”“鞭梢”。

（三）易犯错误

1. 支撑脚转动的角度太小。
2. 膝关节不夹紧，大小腿折叠不充分。
3. 击打时勾脚尖或是用脚的内侧击打。
4. 先转髋再提膝，造成膝盖过早偏向右侧。
5. 击打大小腿不折叠收回而是直腿落。

（四）练习方法与建议

1. 先复习前踢腿，再开始练习横踢腿。
2. 按照动作过程分解教学，如先练习原地提膝，再将提膝与转动支撑脚结合起来，然后练习小腿鞭打，每个环节都基本掌握后再进行完整教学与练习。

3. 左右架交替练习。

4. 结合步法练习横踢，如疾步横踢、滑步横踢等。

5. 练习高位横踢腿。

6. 配合脚靶练习右腿横踢和左腿疾步横踢（图 2－49、图 2－50）。

图 2－49

图 2－50

（五）常用战术练习

1. 双方右架闭式站立（图 2－51①），在右方上步准备进攻时（图 2－51②）、左方立即用右横踢进攻（图 2－51③）。

图 2－51①

图 2－51②

2. 双方右架闭式站立（图2－52①），在右方向前滑步准备进攻时（图2－52②），左方立即用前腿横踢进行迎击（图2－52③）。

图2－51③

图2－52①

图2－52②

图2－52③

3. 双方右架闭式站立（图2－53①），在右方向前滑步准备进攻时（图2－53②），左方立即用右横踢进行反击（图2－53③）。

4. 双方右架闭式站立（图2－54①），左方先用前腿假动作进攻（图2－54②），等距离接近时再用后横踢进攻（图2－54③）。

图 2 －53①

图 2 －53②

图 2 －53③

图 2 －54①

图 2 －54②

图 2 －54③

5. 双方右架闭式站立（图2－55①），左方先用前腿假动作进攻右方躯干，给右方造成假象，当右方注意力集中在躯干时，左方再用后高横踢进攻右方的头部（图2－55②、图2－55③）。

6. 双方右架闭式站立（图2－56①），右方用右横踢腿进攻（图2－56②），左方迅速向右后方撤一步，然后用右横踢进行反击（图2－56③）。

图2－55①

图2－55②

图2－55③

图2－56①

图 2 –56②

图 2 –56③

7. 双方右架闭式站立（图 2 –57①），右方用右横踢进攻，左方用左小臂下格挡防守，同时迅速用右横踢进行反击（图 2 –57②）。

图 2 –57①

图 2 –57②

【活动设计方案】看谁速度快

练习方法

身高体重相同或相近的两人一组，一名同学拿脚靶，另一名同学原地快速、连续用

横踢腿踢脚靶，在规定的时间内，看谁踢得多。

练习建议

1. 时间不宜过长，一般应在 20 秒左右。
2. 统一比较左横踢腿。
3. 统一比较右横踢腿。
4. 左右腿连续交替踢脚靶。

三、侧踢腿

侧踢腿（英文：Side - Kick，韩文英译：Yop - Chagi）简称侧踢或侧踹，在实战中主要是用来阻挡对方进攻以及破坏对方的重心，不是主要得分技术。

（一）动作过程

1. 右架实战姿势站立（图 2 - 58①）。
2. 重心移至左腿，右腿屈膝抬起，脚尖勾起（图 2 - 58②）。
3. 左脚以脚掌为轴向外转动 180°（图 2 - 58③）。

图 2 - 58①

图 2 - 58②

图 2 - 58③

4. 腿向前方直线踢出，力点在脚后跟（图 2 - 58④）。
5. 击打目标后屈膝收回小腿（图 2 - 58⑤）。

图 2－58④

图 2－58⑤

6. 转动支撑脚，右腿自然下落成左架实战姿势（图 2－58⑥）。
7. 后撤右腿，还原为右架实战姿势（图 2－58⑦）。

图 2－58⑥

图 2－58⑦

（二）动作要领

1. 支撑脚转动要快，髋关节充分打开。
2. 也可用前腿（左腿）直接侧踢对方。
3. 大小腿直线踢出直线收回。
4. 注意发力点在脚后跟。

（三）易犯错误

1. 没有直线向前提膝。
2. 膝关节不夹紧，大小腿折叠不充分。
3. 发力点在前脚掌。
4. 支撑脚没有积极配合髋部的转动。

（四）练习方法与建议

1. 练习提腿转髋。
2. 练习平蹬腿。
3. 完整练习侧踢。
4. 练习前腿的侧踢。
5. 练习高位侧踢。
6. 用脚靶进行侧踢的练习（图 2－59）。

图 2－59

（五）常用战术练习

1. 双方右架闭式站立（图 2－60①），右方向前滑步准备进攻时（图 2－60②），左方立即使用前腿侧踢阻击（图 2－60③）。

图 2－60①

图 2－60②

2. 双方右架闭式站立（图 2－61①），左方先用前腿假动作进攻，等距离接近时再用后侧踢进攻（图 2－61②、图 2－61③）。

图 2－60③

图 2－61①

图 2－61②

图 2－61③

【活动设计方案】看谁控腿时间长

练习方法

双手扶住墙面或栏杆，将腿从侧面抬至水平成侧踢状，然后定住不动，看哪名同学坚持的时间最长。

练习建议

1. 当腿的高度低于水平状时即被淘汰。

2. 此方法可以提高髂腰肌的力量，练习结束后要及时放松，防止肌肉僵硬。

3. 经过一段时间的练习后，可以不扶物体进行比赛，能够提高身体的稳定性与平衡性。

四、推踢腿

推踢腿（英文：Push－Kick，韩文英译：Mireo－Chagi）简称推踢。与侧踢一样，推踢在实战中主要也是用来阻挡对方进攻以及破坏对方的重心，不是主要得分技术。

（一）动作过程

1. 右架实战姿势站立（图 2－62①）。

2. 重心移至左腿，右腿屈膝抬起，脚尖勾起（图 2－62②）。

图 2－62①

图 2－62②

3. 左脚以脚掌为轴向外转动，同时右脚向前方直线踢出，力点在前脚掌（图 2－62③）。

4. 击打目标后屈膝收回小腿（图 2－62④）。

图 2－62③

图 2－62④

5. 右腿自然下落成左架实战姿势（图 2－62⑤）。
6. 后撤右腿，还原为右架实战姿势（图 2－62⑥）。

图 2－62⑤

图 2－62⑥

（二）动作要领

1. 向前提膝时要走直线，膝关节夹紧，微勾脚尖。
2. 支撑脚转动要快，髋关节充分打开。
3. 大小腿直线踢出直线收回。
4. 发力点在前脚掌。

（三）易犯错误

1. 膝关节不夹紧，大小腿折叠不充分。
2. 收髋、夹腿，伸展不够充分。
3. 用脚跟击打。
4. 支撑脚转动速度慢。

（四）练习方法与建议

1. 原地练习提膝。
2. 原地练习提膝与转动支撑脚。
3. 动作完成后直接脚先落地然后再旋转支撑脚还原成实战姿势。
4. 左右架交替练习，使左右腿都能熟练运用。
5. 结合上步进行推踢腿的练习。
6. 配合脚靶练习（图 2－63）。

图 2－63

（五）常用战术练习

1. 双方右架闭式站立（图 2－64①），右方向前滑步准备进攻时（图 2－64②），左方立即用前腿推踢阻击（图 2－64③）。

图 2－64①

图 2－64②

2. 双方右架闭式站立（图2－65①），右方上步准备进攻时（图2－65②），左方立即用后腿推踢阻击（图2－65③）。

图2－64③

图2－65①

图2－65②

图2－65③

五、下劈腿

下劈腿（英文：Downward－Kick（Ax－Kick），韩文英译：Naeryo－Chagi）简称下劈，属于难度腿法，在实战中使用率较高，主要是用来攻击对方头部。

（一）动作过程

1. 右架实战姿势站立（图 2－66①）。

2. 重心移至左腿，右腿屈膝抬起，脚尖勾起，双手握拳自然垂放在身体两侧（图 2－66②）。

3. 右腿伸直贴紧躯干高举过头，上体保持正直或稍前倾。然后快速下压（如刀劈木块一样），用脚掌或脚后跟攻击对方的头部（图 2－66③）。

图 2－66①

图 2－66②

图 2－66③

4. 击打目标后，右腿自然落下成左架实战姿势（图 2－66④）。

5. 后撤右腿，还原为右架实战姿势（图 2－66⑤）。

图 2－66④

图 2－66⑤

（二）动作要领

1. 腿尽量向高、向上抬起。

2. 大小腿之间可以有一定的弯曲度。

3. 支撑腿应积极配合身体向前移动，身体稍后仰来控制重心。

（三）易犯错误

1. 膝关节不夹紧，踢腿高度不够。

2. 支撑腿没有积极配合身体向上和向前移动。

3. 击打时脚掌没有踩踏动作。

4. 上体过于后仰，应随重心一起前移，保持直立。

（四）练习方法与建议

1. 开始练习时可扶墙或栏杆练习提膝提腿和上举腿。

2. 分解练习与完整练习相结合。

3. 分别练习外摆腿型和里合腿型的下劈腿动作。

4. 结合疾步练习腾空下劈腿。

5. 用脚靶练习下劈腿（图 2－67）。

图 2－67

（五）常用战术练习

1. 双方右架闭式站立（图 2－68①），左方先用前腿假动作进攻（图 2－68②），然后再用右下劈腿攻击右方（图 2－68③）。

2. 双方运动员近距离贴靠在一起（图 2－69①），左方主动向后撤一步（图 2－69②），然后迅速用右下劈腿攻击右方（图 2－69③）。

图 2－68①

图 2－68②

图 2－68③

图 2－69①

图 2－69②

图 2－69③

3. 双方右架闭式站立（图 2－70①），左方先用前腿横踢进攻（图 2－70②），迫使右方向后撤步防守，双方变为开式站立（图 2－70③），左方再用疾步下劈腿攻击右方（图 2－70④、图 2－70⑤）。

图 2－70①

图 2－70②

图 2－70③

图 2 -70④

图 2 -70⑤

【活动设计方案】看谁踢得高

练习方法

用绳将脚靶或篮球拴住悬挂在空中，让学生用脚踢。将学生随机分成几个小组，先进行组内选拔，然后每个小组选出 1 名同学进行最终的决赛，最后看谁踢得最高。

练习建议

1. 踢腿前一定要充分做好准备活动，拉开韧带。
2. 可以加上助跑来提高腿的击打高度。
3. 选出身高腿长、柔韧性与弹跳力好的同学。
4. 动作自选，比如腾空下劈、侧手翻或后空翻等，只要是用脚踢就可以。
5. 每一个高度可以给 3 次机会。

六、后踢腿

后踢腿（英文：Back - Kick，韩文英译：Dwi - Chagi）简称后踢，也称作后蹬腿或后踹腿，属于难度腿法，在实战中主要是用来反击对方。

（一）动作过程

1. 右架实战姿势站立（图 2－71①）。
2. 以左脚掌为轴，身体向右转动（图 2－71②）。
3. 右腿屈膝抬起，脚尖勾起，转头看后方（图 2－71③）。
4. 向后平伸后蹬，力点在脚跟（图 2－71④）。
5. 击打目标后屈膝收回小腿（图 2－71⑤）。
6. 后撤右腿，还原成右架实战姿势（图 2－71⑥）。

图 2－71①

图 2－71②

图 2－71③

图 2－71④

图 2－71⑤

图 2－71⑥

（二）动作要领

1. 身体右后方向转动时，右腿屈膝抬起。
2. 身体转到背向对方时上肢要迅速制动，不应再有转动，同时右脚后踢。
3. 转身、抬腿与击打要一次性完成，中间不能停顿。
4. 用脚跟部位击打目标。
5. 支撑脚应积极配合上肢转动。

（三）易犯错误

1. 身体转到背向对方时没有迅速制动。
2. 大小腿不折叠或折叠不充分。
3. 腿不是直线向后踢出，而是向上撩腿。
4. 击打时支撑脚旋转，造成发力不完整。

（四）练习方法与建议

1. 开始练习时可手扶支撑物，体会后蹬的感觉。
2. 练习转身同时提膝。
3. 进行完整的后踢动作练习。

4. 原地练习掌握后再练习上步后踢与撤步后踢。

5. 练习腾空后踢。

6. 用脚靶进行后踢的练习（图 2 －72）。

图 2 －72

（五）常用战术练习

1. 双方右架闭式站立（图 2 －73①），左方先用疾步左横踢进攻（图 2 －73②），等距离接近后再用右后踢进攻（图 2 －73③）。

图 2 －73①

图 2－73②

图 2－73③

2. 双方右架闭式站立（图 2－74①），右方用疾步左横踢进攻，左方立即用右后踢进行反击（图 2－74②）。

图 2－74①

图 2－74②

3. 双方右架闭式站立（图 2－75①），左方上步换成开式故意露出破绽（图 2－75②），当右方用右横踢进攻时，左方立即用左后踢进行反击（图 2－75③）。

图 2 –75①

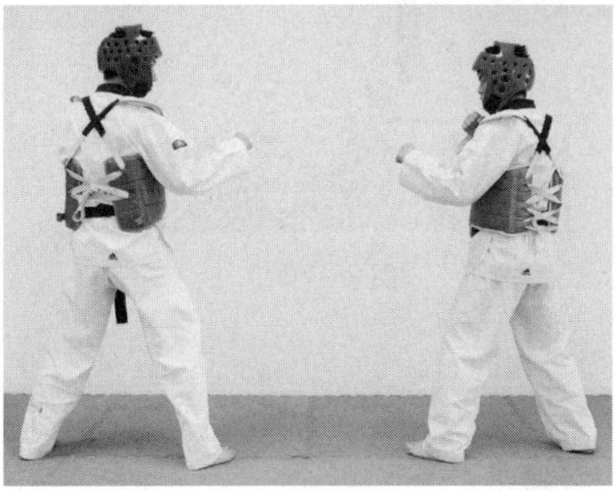

图 2 –75②

图 2 –75③

七、后旋踢

后旋踢（英文：Body – Turning – Kick，韩文英译：Dui – Hooryo – Chagi）简称后旋或后摆，属于高难度腿法，在实战中主要是用来攻击对方头部。

（一）动作过程

1. 右架实战姿势站立（图 2 – 76①）。
2. 以左脚掌为轴，身体向右转动（图 2 – 76②）。

3. 右腿屈膝抬起，脚尖勾起，转头看后方（图 2－76③）。

4. 身体继续旋转，腿向斜后方 30°左右蹬伸，然后在空中划一个半圆形的水平弧线，用脚掌击打对方头部（图 2－76④）。

5. 击打目标后放松，屈膝收回小腿（图 2－76⑤）。

6. 转动支撑脚还原成右架实战姿势（图 2－76⑥）。

图 2－76①

图 2－76②

图 2－76③

图 2－76④

图 2 –76⑤

图 2 –76⑥

（二）动作要领

1. 击打点在正后方，呈水平弧线状。

2. 提膝、转头要同步进行。

3. 脚面在接触对方头部时要绷直，用脚掌呈水平弧线鞭打。

4. 身体重心在原地旋转 360°。

5. 支撑脚应积极配合身体的转动，在完成整个动作之前，重心一直落在左脚掌。

（三）易犯错误

1. 不屈膝起腿，在开始时没有一个向斜后方向蹬伸的动作。

2. 支撑脚没有积极配合身体的转动，提膝、转头不同步。

3. 脚面在发力之前就绷直，鞭打效果不好。

4. 不能用脚掌呈水平弧线鞭打。

5. 过早翻转身体而使重心不稳。

（四）练习方法与建议

图 2－77

1. 支撑脚前脚掌着地转动，转身同时向后蹬腿。

2. 手扶栏杆或窗台练习向后摆腿。

3. 先练习原地转动 360°，右腿开始摆动时不要求高度，熟练后再逐渐升高摆动高度。

4. 进行完整的后旋踢动作练习。

5. 原地跳换步进行后旋踢练习。

6. 练习腾空后旋踢。

7. 用脚靶进行后旋踢练习（图 2－77）。

（五）常用战术练习

1. 双方右架闭式站立（图 2－78①），右方用疾步横踢进攻，左方立即用后旋踢进行反击（图 2－78②）。

图 2－78①

图 2－78②

2. 双方右架闭式站立（图 2－79①），左方先用疾步横踢进攻（图 2－79②），等距离接近后再用右后旋踢进攻（图 2－79③）。

图 2－79①

图 2－79②

图 2－79③

3. 双方右架闭式站立（图 2－80①），左方先用右横踢进攻（图 2－80②），迫使右方撤步防守，双方变为左架闭式（图 2－80③），然后左方再用左后旋踢进攻（图 2－80④）。

图 2 –80①

图 2 –80②

图 2 –80③

图 2 –80④

八、双飞踢

双飞踢（英文：Scissor – Kick，韩文英译：Kawi – Chagi）简称双飞，是由横踢腿演变而来的，属于难度腿法，在实战中使用率较高，也是得分的主要技术。

（一）动作过程

1. 右架实战姿势站立（图 2 –81①）。

2. 右腿先使用横踢（图 2 –81②），然后在右腿未落地时，立即抬左腿使用横踢（图2－81③），也可以先使用左横踢再使用右横踢。

3. 击打目标后，两腿自然下落成右架实战姿势（图2－81④）。

图2－81①

图2－81②

图2－81③

图2－81④

（二）动作要领

1. 腰部与髋部要快速转动，大小腿伸展要充分，产生鞭打的效果。

2. 中远距离时是使用双飞踢的较好时机，双飞踢中的第一个横踢常常是为了调整距离或作为假动作进攻，为第二个横踢有效进攻寻找机会。

3. 如果先使用左横踢再使用右横踢的话，一般情况下左横踢都要和疾步或冲刺步进行组合，才能使身体获得更快的加速度。

（三）易犯错误

1. 第一个横踢完全没有踢出来就连接第二个横踢。
2. 两腿交换之间腰部与髋部转动过慢。
3. 击打之前大小腿折叠不充分，造成直腿踢。
4. 身体过于前倾或后仰。

（四）练习方法与建议

1. 首先要熟练掌握横踢腿动作要领。
2. 行进间练习低位的双飞，主要体会上下肢的协调配合。
3. 逐渐抬高踢腿的高度。
4. 基本掌握动作要领后再练习三飞或多飞。
5. 用脚靶进行双飞踢的练习（图 2－82①、图 2－82②）。

图 2－82①

图 2－82②

（五）常用战术练习

1. 双方右架闭式站立（图 2－83①），左方先用前腿假动作进攻（图 2－83②），等距离接近时再用双飞踢进攻（图 2－83③、图 2－83④）。

图 2－83①

图 2－83②

图 2－83③

图 2－83④

2. 双方右架闭式站立（图 2－84①），当右方用前滑步想要近距离进攻时（图 2－84②），左方直接用双飞踢反击（图 2－84③、图 2－84④）。

3. 双方运动员近距离贴靠在一起（图 2－85①），左方主动向后撤一步（图 2－85②），然后迅速用双飞踢攻击右方（图 2－85③、图 2－85④）。

图 2 -84①

图 2 -84②

图 2 -84③

图 2 -84④

图 2 -85①

图 2 -85②

图 2 -85③

图 2 -85④

九、旋风踢

旋风踢（英文：Halt Round Body - Turning - Kick，韩文英译：Banmom - Dollyo - Chagi）也称作转身横踢或 360°，属于高难度腿法。旋风踢也是由横踢腿演变而来的，但使用率远没有双飞踢高。

（一）动作过程

1. 右架实战姿势站立（图 2 -86①）。
2. 以左脚掌为轴，身体向后方转动（图 2 -86②）。
3. 右腿屈膝抬起（图 2 -86③）。
4. 身体继续向后方转动约 360°，面向攻击目标（图 2 -86④）。
5. 右腿下落的同时左脚蹬地使用左腿横踢技术（图 2 -86⑤）。
6. 击打目标后，两腿自然下落成右架实战姿势（图 2 -86⑥）。

图 2－86①

图 2－86②

图 2－86③

图 2－86④

图 2－86⑤

图 2－86⑥

（二）动作要领

1. 旋风踢主要在中远距离时使用。
2. 为保持重心，躯干应稍向后倾。
3. 击打时脚面绷直，踝关节放松。
4. 支撑脚与躯干转动要一致。

（三）易犯错误

1. 躯干没有稍后倾，上体前压，使腿的长度没有被充分利用。
2. 大小腿折叠不充分，造成直腿踢。
3. 击打时脚面没有绷直。
4. 支撑脚与躯干转动不一致。

（四）练习方法与建议

1. 首先要熟练掌握横踢腿动作要领。
2. 练习原地转身，右腿不要抬腿过高。
3. 行进间练习转身横踢。
4. 完整练习旋风踢。
5. 基本掌握动作要领后用脚靶配合练习。
6. 练习横踢与旋风踢的组合。

（五）常用战术练习

1. 双方右架闭式站立（图2－87①），左方直接用左旋风踢进攻右方（图2－87②、图2－87③、图2－87④、图2－87⑤）。

图 2 -87①

图 2 -87②

图 2 -87③

图 2 -87④

图 2 -87⑤

2. 双方右架闭式站立（图 2 - 88①），左方先用右横踢假动作进攻（图 2 - 88②、图 2 - 88③），等距离接近时再用右旋风踢进攻（图 2 - 88④ ~ 图 2 - 88⑦）。

图 2 - 88①

图 2 - 88②

图 2 - 88③

图 2 - 88④

图 2 –88⑤

图 2 –88⑥

图 2 –88⑦

第七节　跆拳道拳法技术

拳（英文：Boxing，韩文英译：Ju – Mok – Jirugi）在品势中使用较为广泛，而在实战中规定只能使用直拳（正拳）技术进行正面攻击，所以拳的攻击距离较短，一般情况下是用来防守和配合腿的进攻。

（一）动作过程

1. 右架实战姿势站立（图2－89①）。
2. 右脚向后蹬地，上身向左转动（图2－89②）。
3. 右臂快速前伸、顺肩、用拳正面向前击打对方胸部（图2－89③）。
4. 击打目标后身体向右转动还原成实战姿势（图2－89④）。

图2－89①

图2－89②

图2－89③

图2－89④

（二）动作要领

1. 充分利用蹬地、转体。

2. 拳进攻主要在双方距离较近时使用，出拳击打后使两人之间的距离拉大，并趁机使用腿法攻击。

（三）易犯错误

1. 拳击打时腕关节放松。
2. 出拳时，没有用力蹬腿和快速转腰。

（四）练习方法与建议

1. 结合转腰、蹬地等动作练习完整的拳的击打。
2. 练习左右组合拳。
3. 原地练习掌握后再结合步法行进间练习。
4. 与腿法进行组合练习。
5. 用脚靶进行后手拳与前手拳的练习（图2－90①、图2－90②）。

图2－90①

图2－90②

（五）常用战术练习

1. 双方右架闭式站立（图 2 –91①），右方用右横踢进攻，左方用左小臂下格挡，同时用右直拳攻击右方的胸口（图 2 –91②）。

2. 双方右架闭式站立（图 2 –92①），右方用左横踢进攻，左方右小臂下格挡，同时用左直拳攻击右方的胸口（图 2 –92②）。

图 2 –91①

图 2 –91②

图 2 –92①

图 2 –92②

【活动设计方案】坐庄比赛

比赛方法与建议

1. 将体重相同或相近的学生 4 ~5 人分成 1 组，然后 2 人 1 组进行比赛，每场比赛时间为 1 分钟，得分多的同学坐庄，被淘汰的同学罚做 10 次俯卧撑，最后看谁坐庄的时间最长。

2. 比赛中可以使用学习过的技术，也可以使用独创的技术。

3. 每组之间至少休息 1 分钟，让学生有足够的时间恢复体力。

4. 为增加比赛的精彩程度并活跃气氛，比赛期间允许其他同学加油呐喊。

5. 可以适当降低得分标准，以分数分出胜负，在使用下劈腿技术时要点到为止，不能发力。

6. 比赛可以从小级别向大级别进行，也可相反；或采取大小级别交叉、男女生穿插等形式。

7. 每场比赛结束后，老师要及时点评，讲解技战术要求，全部比赛结束后，要进行分组讨论，督促学生课后写练习笔记，提出表扬与不足。

第八节　跆拳道组合技术

组合技术就是根据比赛中攻防情况的变化，将两个以上的动作组合在一起的连接技术。由于比赛的日趋激烈，运动员的技术水平也越来越接近，为了战胜对手，就必须在熟练掌握单个基本技术的基础上，熟练掌握一些组合技术。按比赛攻防性质来划分，组合技术概括起来大致有五种类型，即进攻技术 + 进攻技术、进攻技术 + 防守技术、进攻技术 + 防守技术 + 进攻技术、进攻技术 + 进攻技术 + 防守技术、防守技术 + 进攻技术。当然，这些组合技术也不是一成不变的，运动员在比赛中要根据具体情况，灵活地运用组合技术。下面就以右架实战姿势为例，介绍一些常用的组合技术。

一、左横踢组合技术

（一）疾步左横踢。

（二）上步左横踢。

（三）左推踢 + 左横踢。

（四）转身上步 + 左横踢。

（五）右横踢 + 左横踢。

（六）右劈腿 + 左横踢。

（七）右后踢 + 左横踢。

（八）右推踢 + 左横踢。

（九）疾步左横踢 + 左横踢。

（十）疾步左横踢 + 上步左横踢。

（十一）上步左横踢 + 上步左横踢。

（十二）左腿跳下劈 + 上步左横踢。

（十三）左推踢假动作 + 上步左横踢。

（十四）左侧移步（右臂格挡）+ 左横踢。

二、右横踢组合技术

（一）疾步左横踢 + 右横踢。

（二）上步左横踢 + 右横踢。

（三）左推踢 + 右横踢。

（四）左腿跳下劈 + 右横踢。

（五）上步左后踢 + 右横踢。

（六）右横踢 + 上步右横踢。

（七）疾步左横踢 + 上步左横踢 + 右横踢。

（八）右横踢 + 左横踢 + 右横踢。

（九）疾步左横踢 + 撤步右横踢（反击）。

（十）撤步＋右横踢（反击）。

（十一）右侧移步（左臂格挡）＋右横踢（反击）。

三、下劈腿组合技术

（一）冲刺步＋左下劈。

（二）疾步左横踢＋左下劈。

（三）疾步左横踢＋右下劈。

（四）上步左横踢＋左下劈。

（五）上步左横踢＋右下劈。

（六）左推踢＋上步左下劈。

（七）左推踢＋右下劈。

（八）左侧踢＋右下劈。

（九）疾步左横踢＋撤步右下劈（反击）。

（十）左侧踢＋右下劈。

（十一）双飞＋下劈。

四、后踢组合技术

（一）上步＋左后踢。

（二）左侧踢＋右后踢。

（三）疾步左横踢＋右后踢。

（四）上步左横踢＋右后踢。

（五）左推踢＋右后踢。

（六）右侧踢＋左后踢。

（七）跳步换架＋左后踢。

（八）左腿跳劈＋右后踢。

（九）右下劈＋左后踢。

（十）疾步横踢进攻＋撤步＋右后踢（反击）。

五、后旋踢组合技术

（一）上步＋左后旋。

（二）左侧踢＋右后旋。

（三）疾步左横踢＋右后旋。

（四）上步左横踢＋右后旋。

（五）左推踢＋右后旋。

（六）右侧踢＋左后旋。

（七）跳步换架＋左后旋。

（八）左腿跳劈＋右后旋。

（九）右下劈＋左后旋。

（十）疾步横踢进攻＋撤步＋右后旋（反击）。

六、双飞踢组合技术

（一）疾步左横踢＋双飞踢。

（二）右横踢＋双飞踢。

（三）疾步左横踢＋右横踢＋双飞踢。

（四）右横踢＋左横踢＋双飞踢。

（五）撤步＋双飞踢。

（六）左侧踢＋双飞踢。

（七）左腿跳下劈＋双飞踢。

（八）右下劈＋双飞踢。

（九）右后踢＋双飞踢。

（十）双飞踢＋撤步＋双飞踢（反击）。

（十一）左推踢＋双飞踢。

（十二）左侧踢＋双飞踢。

（十三）左腿跳下劈＋双飞踢。

（十四）撤步＋右横踢（反击）＋双飞踢。
（十五）右侧移步（左臂格挡）＋右横踢（反击）＋双飞踢。
（十六）左腿跳下劈＋右横踢＋双飞踢。

七、旋风踢组合技术

（一）疾步左横踢＋旋风踢。
（二）右横踢＋旋风踢。
（三）右横踢＋左横踢＋旋风踢。
（四）右劈腿＋左横踢＋旋风踢。
（五）右后踢＋左横踢＋旋风踢。
（六）右推踢＋左横踢＋旋风踢。
（七）疾步左横踢＋左横踢＋旋风踢。
（八）疾步左横踢＋上步左横踢＋旋风踢。
（九）上步左横踢＋上步左横踢＋旋风踢。
（十）左腿跳下劈＋旋风踢。
（十一）左推踢假动作＋旋风踢。
（十二）疾步左横踢＋右横踢＋旋风踢。
（十三）上步左横踢＋右横踢＋旋风踢。
（十四）左推踢＋右横踢＋旋风踢。
（十五）左腿跳下劈＋右横踢＋旋风踢。
（十六）上步左后踢＋右横踢＋旋风踢。
（十七）疾步左横踢＋上步左横踢＋旋风踢。
（十八）右横踢＋左横踢＋旋风踢。
（十九）疾步左横踢＋撤步右横踢（反击）＋旋风踢。
（二十）撤步＋右横踢（反击）＋旋风踢。
（二十一）右侧移步（左臂格挡）＋右横踢（反击）＋旋风踢。

思考题：

1. 跆拳道技术体系包括哪些内容?
2. 跆拳道基本腿法有哪几种?
3. 决定实战姿势优劣的因素有哪些?
4. 如何尽快地掌握横踢腿动作要领?
5. 组合技术按照按攻防性质可分为哪几种类型?

第三章 跆拳道战术

跆拳道战术是指运动员在比赛中为发挥高超或现有的竞技水平和战胜对手而采取的计谋与行动。

按照运动训练学项群理论划分，跆拳道属于技能主导类格斗对抗性项目，其战术等级属于四级，仅次于集体项目，可见战术在比赛中的重要性。

第一节 跆拳道战术能力

战术能力包括战术意识、战术理论、战术质量、战术数量及战术运用。

一、战术意识

战术意识是指运动员在临场复杂多变的比赛中，根据比赛的规律和各方面的情况，随机应变，有判断、有目的、有预见性地决定自己对付对手的策略思维活动。

战术意识体现在对各方面情况判断的准确程度和及时性，考虑到采取各种行动的可能性，预见到可能产生的多种效果和对策，有针对性地灵活运用对付对手的最佳行动方案；为完成战术行动，有目的地采取隐蔽和欺骗手段；有创造性地采用别人想不到的或未曾用过的新措施等。

战术意识支配着行动，行动的效果又反过来对战术意识的强弱进行评价。运动员就是在这种反复的支配和评价中提高着战术意识和行动效果。

二、战术理论

战术理论是战术能力的理论基础。内容包括专项战术指导思想；运用战术的基本原则；各种攻防战术的形式和这些战术的优缺点；战术的发展、演变和今后发展的趋势；对付各种战术的对策及其有效范围；运用各种战术的前提条件；规则对战术的限制与要求；战术在比赛中的作用以及主要对手的技术、战术、身体、心理、作风等特点。丰富的理论知识有助于个人战术意识的提高，有助于迅速掌握多种战术和提高战术质量，有助于合理地选择战术、运用战术。因此，教练员和运动员都应加强战术理论学习。

三、战术质量

每个运动员都有自己的特点，掌握好几种符合自己特点的战术作为主要武器来对付对手是体现战术能力的一个重要措施，也是保证战术质量的一个原则。

四、战术数量

战术的实质就在于使运动员能在比赛中依据各种可能发生的情况，运用自己平时训练中所练就的各项技能，最有效的发挥自己的优势去战胜对手。在比赛中遇到各种各样的对手，同一个对手也常会变化使用多种战术。因此，必须掌握多种战术，才能提高应变能力，争取战术运用的主动权。

五、战术运用

在比赛中，场上情况复杂多变，双方运动员始终处于发挥与反发挥、限制与反限制、控制与反控制的对抗中。在双方实力相当的时候，正确地运用战术是取得比赛胜利的关键。在平时训练中，要树立正确的战术思想，遵循技术发展变化规律，体现以我为主、快速灵活的方针。

战术运用应注意以下几点。

（一）要熟练

要切实提高战术质量，首先还是要熟练，根据具体情况选择符合自己特点的战术加以强化训练，可达到有效使用的目的。对于各种战术样样通、样样松的运动员或运动队并不能体现多么高的战术能力。

（二）要先进

战术有相对的先进和落后之分，而且战术的先进程度也不是一成不变的，以下几点可以衡量战术的先进与否。

1. 战术本身的优缺点

战术都是在攻防对立统一的过程中发展起来的，一般来说，后来发展起来的战术多是先进程度比较高的战术，老一套的战术在某种程度上跟不上技术快速发展的趋势，掌握先进程度高的战术也是战术质量高的标志之一。

2. 对手的适应情况

选择战术的先进程度还包括对方是否适应，先进程度高的战术对手不能很快适应。但是对方对某种战术不熟悉，即使是过时的战术也可以使用。

3. 发展潜力大的战术

学会选择自己尚未学会或掌握的战术时，还应考虑这种战术的发展潜力，及其是否符合当前国内外发展的主要趋势。如这种战术的发展已经停滞不前，就不应再选择应用。

（三）要有绝招

选择别人没有的、新的战术或在某种共有的战术打法上比别人有独到之处。能够使一般的对手难以适应，成为自己取胜的有力武器。

（四）要创新

战术的创新可以突出提高战术能力就是因为战术反映质的飞跃。以其突然性造成对手一时不能适应。

第二节 跆拳道战术原则

战术原则是制定战术计划、实施战术所必须遵循的准则。

一、按照跆拳道的动作功能设计战术

战术是通过运用一定的技术动作来实现的，不同技术动作的组成方案表达了不同的战术思想，因此，按照跆拳道的动作功能设计战术是合理有效地发挥技术的战术原则。它能使我们从跆拳道技术的整体性、有序性、相关性、动态性的系统观点中正确地制定战术，而不是孤立地、片面地考虑某一个战术环节和某一个战术动作的技术因素产生单一的战术方案。

跆拳道的动作大部分既能进攻也能防守，或攻中有防，防中寓攻。充分发挥其功能就要认识动作之间进与退、远与近、攻与防，以及互相矛盾、互相制约、互相转化的规律，按照不同动作的作用来制定不同的战术方案。

二、按照攻防兼备的原理设计战术

比赛中，有些运动员一味讲究进攻，不顾防守；有的则单纯防守，不讲进攻，结果使攻防失调，顾此失彼。因此，制订和实施战术时要遵循攻防兼顾的原则，攻中有防，防中有攻。

三、按照灵活多变的原则设计战术

比赛时场上情况复杂多变，如果事先设计的战术在实施过程中未能奏效或被对方识破，一定要根据当时的具体情况合理而巧妙地变换战术，采用固定不变的战术，容易被对方摸到规律。所以在进行战术设计时应立足多变，要求运动员根据场上的情况变化，因势利导，随机应变，多考虑几种战术形式及相互间的衔接和配合，灵活运用和变换各种攻防战术，虚实结合使对方防不胜防，这样才能最大程度地发挥战术的作用。

四、结合自身和对手技术特点设计战术

“知己知彼，百战不殆”，这是我国古代军事家制定作战方案的先决条件。要想战胜对手，必须对自己与对手有充分的了解。如果自己在技术、力量、速度、耐力等某方面占有优势，则可制定和实施能够发挥自身优势的战术。另外，在比赛前要及时了解对手属于何种技术类型。有的善于打进攻，有的则善于打防守，而有的是既能攻也能守。因此，对待不同的对手都要在赛前有针对性地制定自己的战术。充分发挥自己的长处，抓住对方的弱点，自始至终掌握比赛的主动权，争取比赛的胜利。

第三节　跆拳道战术形式

跆拳道战术形式是指为了完成战术意图而由各种动作组成的具体方法。跆拳道以其丰富的技术内容和相生相克、相互制约、相互转换的技术规律，为跆拳道变化多端的战术形式提供了先决条件。

一、强攻战术

强攻战术是一种先发制人的主动进攻，是有计划有准备的战术行动。即在比赛开始后就猛烈进攻，连续使用技术，借以扰乱和破坏对方的心理平衡、战术准备和距离感，使对手忙于防守，疲于招架，消耗对手大量体力，从而掌握场上主动权。

这种战术的优点是直接掌握主动权，迫使对方只能招架，没有反攻的机会。如果对手技、战术都好，而体力差，开始就猛攻，不让其有休息及缓和的机会，使对手一直处于被动状态。而如果对手经验不足，压迫式的进攻就会使其得不到镇静和思考的时间，会处处被动。

使用这种战术的缺点是自己的体力消耗的较快，容易露出破绽，给对手以可乘之机。如果对手经验比较丰富则自己容易被反攻，或是对手用以逸待劳的战术克制自己。一般在具备下列条件时是运用这种战术的较好时机。

（一）力量、速度、耐力素质比较好，但技术不如对方时。

（二）身体素质好，技术比较全面，但比赛经验不如对方时。

（三）对方的近战能力比较差时。

（四）对方的耐力比较差时。

（五）对方的心理素质比较差时。

二、佯攻战术

佯攻战术也叫假动作战术，是有目的地造成对方的错觉，通过各种方法来引诱对方，从而达到自己真实进攻的目的。随着运动员技术水平的普遍提高，特别是当对手动作反应快，防守能力强时，直接进攻很容易被防守反击。经验较丰富的选手常常采用声东击西、指上打下的战术，采用左右、前后、上下虚晃的动作及指上打下、指下打上、指左打右等假动作。为了引诱对手，也可以有意露出破绽，给对方进攻的机会，目的在于转移、分散对方的注意力，促使对方对自己的虚假动作产生某种反应，然后加以利用。

这种战术是跆拳道比赛中最常用的基本战术之一，也是充分发挥假动作与真动作联合的较好的手段，如要使用后旋踢攻击对方头部，可先用横踢假进攻后立即后撤，等对手追击时则使用后旋踢技术。在跆拳道训练和比赛中，一般采用的引诱式进攻是上下动作结合、左右动作结合、前后动作结合。

一般来说，如对手体力好，但技术不太全面，方法变化少，战术不灵活，则可以使用这种战术。在使用引诱进攻时，自己的动作要快，快在对手前面，否则不易成功。如对手善于用前横踢，自己则故意与对方闭式站立，诱使对手使用前横踢，然后借机使用后踢反击。

三、得意技战术

得意技战术是指充分发挥与使用确有把握的特长技术直接进攻的战术。使用这种战术主要采用主动创造使用特长技术的条件，得到机会就用特长技术，另外在处于被动时，暂时退却、防守，创造条件，等待时机，一旦机会来临，再用特长技术。这种战术要求自己的动作速度一定要快，要能及时抓住战机，在特长技术的前后形成一整套方法来对付对手的防守与反攻。一般在具备下列条件时是运用这种战术的较好时机。

（一）身高腿长占优势时。

（二）当对方的速度没有自己快时。

（三）当对方的攻防动作不够熟练时。

（四）当对方的体力不足时。

（五）当对方的防守姿势出现空隙时。

（六）当与对方的距离能有效的使用进攻动作时。

四、体力战术

体力战术是通过合理地分配体力以此取得比赛胜利的战术方法。一场比赛要打 3 局，每局 2 分钟，按照赛制的要求，一个级别的所有比赛都要在一天之内完成，运动员体力消耗非常大。采用体力战术，就是合理地分配体力，每一局用多少体力要根据对手的情况来定。如果对手技术较弱，可以保持体力以技术取胜；如果对手技术好，可以采用消耗对手体力的打法取胜；如果双方实力相当，还应有打持久战的准备。如果知道对手的耐力较差，应打体力消耗战，连续进攻，不给对手喘息的机会，迫使对手体力迅速下降，以此取胜。

五、体格战术

体格战术是指在比赛中利用自己身材高或矮的优势，充分发挥自己的特长，抑制对手而取胜的手段。身材高大的队员要充分发挥身高腿长的优势，尽可能地控制攻击范围，扩大进攻半径，不让对方进身，采用放长击远的打法。身材矮小的队员要充分发挥快速灵活的优势，尽可能地缩小进攻半径，主动进身或在近距离时多出动作，采用贴身打法。

六、空间战术

空间战术也可以称作多点战术，是指进攻点立体交叉，攻击对手不同部位或同一部位，或故意露出破绽引诱对手进攻，自己抓住机会进行反击。当运动员的水平达到一定程度时，适应能力很强，对其采取单一的攻击很难奏效。只有采取躯干、头部、正面、侧面，使进攻点不断变化，不规律地进行进攻，最大限度地扩散对手的注意力，才能使对手防不胜防，从而掌握主动权。

七、边角战术

边角战术是利用在比赛场地的边界线或角上进行的攻击战术，这种战术在比赛中被普遍使用。比赛中，有目的地将对手逼到边角，造成对手的心理恐惧、惊慌而导致动作紊乱，抓住机会进行攻击，即使不能得分也有可能造成对手出界而受到警告。相反，有的运动员善于打边角战术，战略性地向后退，在边角附近利用假动作引诱对手进攻，然后迅速进行反击。

八、制长战术

制长战术就是采用相应的方法，克制对方的特长，使其技术不能得到正常发挥的战术。运动员都有自己擅长的技术，这种技术专长是本人得分获胜的主要手段。如果能针对对方的特长制定出相应的对策，使其不能正常发挥，从而被迫采用其他的动作，这无疑能起到制彼所长的作用。采用这种战术的方法如下。

（一）克制善于打贴身战的对手，如用侧踢、推踢等技术与其拉开距离。

（二）克制善于打远距离的对手，尽可能地靠近对方，让其长处发挥不出来。

（三）克制擅长主动进攻的对手，可采用自己先进攻，迫使对方防守的战术。

（四）克制擅长防守反击的对手，可引诱对方主动进攻，自己进攻时使用不易被反击的技术。

九、制短战术

所谓制短战术就是集中力量专门攻击对方的薄弱环节而采取的战术。运动员有的防头能力差，有的不善于反击，有的体力差等。可以通过赛前分析对手以往比赛的录像，或是借助于对手同其他选手比赛时进行的观察，更重要的是在比赛中进行观察，通过第一局中的多次试探性进攻，对对手的弱点迅速作出判断，及时调整自己的战术手段，集中精力专门攻击对手的弱点，同时自己也要不断变换方法，以免对方察觉自己的战术意图。

十、心理战术

心理战术是通过一些特定的方式和措施，利用各种手段干扰对手的情绪，给对手造成心理压力，使对手的技、战术得不到充分的发挥，扬己之长，达到自己的目的。跆拳道比赛时心理活动贯穿整个比赛的始终。心理活动多种多样，比如赛前隐瞒实情，麻痹对方；故意露出破绽，造成对方的错觉；激怒对方或松懈对方斗志等以及在比赛中各种战术的综合应用等都具有心理战术的因素。因此，心理战术在各种训练与比赛中得到广泛重视，也是跆拳道常用的战术之一。

十一、复合战术

此战术也称为第二次进攻战术。在比赛中任何单一的进攻或反击所收到的效果都是很小的，应当多采用复合战术。因为对于水平接近的运动员来说，第一次战术未必就能有效，得分的成功率不高。往往会通过步法移动来接近对方，这就为一方运动员在第二次进攻创造了有利条件。因此，运动员必须重视对第二次进攻的训练。复合战术在训练中要注意以下问题。

（一）通过实例和各种途径使运动员认识到必须重视第二次进攻的重要性，努力培养其第二次进攻的意识。

（二）要将第二次进攻训练与战术训练、组合技术训练有机地结合起来。

（三）要掌握具体的第二次进攻的手段和方法，根据能够发挥自身特点和优势的原则来选择自己第二次进攻的技术动作。

总之，各种战术是互相矛盾相互克制的，正如每个进攻方法都有反攻方法一样，由于跆拳道比赛过程情况复杂、变化多端，对手多种多样，运动员应根据比赛中随时变化的情况，灵活机动地运用战术，从而达到预定的目的。

第四节　跆拳道战术训练

战术训练是指为了使运动员掌握最合理的战术手段和战术方法，培养其运用这些手段和方法的能力，以便发挥自己的特长，限制对方特长，为比赛作好战术上的准备而进行的训练。

一、战术训练的基本要求

（一）把握跆拳道项目制胜规律

所谓制胜规律就是指在竞赛规则的限定内，运动员在比赛中为战胜对手，争取优异成绩所必须遵循的客观规律。无论任何运动项目，训练的主要目的都是为了能够在比赛中夺取优异的成绩，“夺取”的过程实质上就是“制胜”的过程。而要制胜就必须遵循制胜规律，这是战术训练的基本要求。

跆拳道项目属于技能主导类格斗对抗性项目，技术特点是迅速、准确、有力。最早提出的制胜规律是稳、准、狠、快、变、巧，后来又增加奇、高、连等。近年来，根据我国运动员参加国际比赛所反映出来的技术差距与主要问题，国家跆拳道队提出的制胜规律是快速、全面、连续、变化、准确。所以，要充分认识到在不同时期、不同训练阶段、运动员的技术特点以及国际上技术发展趋势等，按照制胜规律的要求，进行有针对性地训练，努力提高技术水平。

（二）努力培养战术意识

战术意识是指运动员在比赛复杂多变和极其困难的环境下，及时准确地观察、判断场上的情况，随机应变，迅速而有预见性地决定自己行动和对付对手策略的思维活动。

培养运动员的战术意识是战术训练的中心环节，比赛中的战术运用要依靠赛前了解情况、制定战术方案，依靠教练员的临场决策指挥，更重要的是在瞬息万变的情况下，依靠运动员的独立作战能力、战术思维能力和战术应变能力。因此，在训练过程中，通过各种途径使运动员学会比较、分析、判断、总结，促进运动员战术水平的提高。

从心理学角度看战术意识实际上是一种“战术思维”能力的表现。因此战术意识在很大程度上是一种心理活动在战术上的反映。跆拳道比赛中有些运动员在比分落后的情况下也能利用隐蔽手段给对手以重击而使对手失去比赛能力或进行快速反击抢点得分争取赶超对手。如果表现出急躁、慌乱而毫无战术方案，那么必败无疑。在整个比赛过程中战术意识总是和战术行动结合在一起。

（三）培养战术运用能力

在跆拳道训练中，应当把培养运动员在各种复杂而艰苦的条件下合理运用战术能力这一任务放在重要的位置上，战术能力包括战术意识、战术理论、战术质量、战术数量和战术运用等，这些能力综合起来并最终运用到实际当中。

战术运用的基本要求为：第一，针对性。任何战术的运用都必须有明确的针对性，做到有的放矢。第二，实效性。不管使用何种战术其目的都是为了争取比赛的胜利。所以，以能否达到获胜的目的来衡量战术的实效性。第三，灵活性。根据场上不断变化的局面灵活机动地运用战术，力争使局面向着有利于自己的方向发展。

（四）战术训练要和其他训练相结合

战术训练质量的好坏与技术训练、体能训练、心理智能训练等有着密切的联系。训练内容各部分之间是相互影响、相互联系、相互制约、相互促进，共同反映在运动员身上。因此，战术训练要和技术、体能、心理智能等相结合。

二、战术训练方法

（一）假设性空击训练

要求运动员精神集中，有一种身临其境面对对手的实战姿态，设想对手的各种打法，自己运用什么样的技术动作与其抗衡，这种练习可以一个战术反复练习，也可以多种战术变化练习，设想各种情况进行想象空击，也可面对沙袋、镜子、假人等目标，采用猛攻猛打、佯攻巧打等战术来攻击目标。这种想练结合的方法，主要目的是培养运动员的战术意识和掌握各种战术的具体用法。

（二）战例分析训练

从比赛录像中选择一些反映战术特点的应用战术较典型的片段，组织运动员观看，或筛选出一个完整的战术进行反复的研究。典型片段可选择战术运用好的，也可选择战术运用不当而导致失败的。通过教练员的提问、分析、讲解，使运动员经过讨论找出正确的答案，加深印象。为使分析全面，看完片段后还应把全场比赛连起来看，从局部与全局的观念出发，防止孤立、静止地看问题。

（三）“喂靶”训练

由教练员或同伴给练习者“喂靶”，重复练习某一战术打法。例如练习空间战术，确定以不同方位进行“喂靶”；练习体力战术，要长时间连续不断地“喂靶”；练习强攻战术要抓住有利时机进行连续攻击等。教练员还可以在练习中寻找练习者的空隙与破绽，乘虚“喂靶”，以纠正其错误。

（四）模拟训练

模拟训练是由教练员或同伴根据不同对手情况进行模仿的一种针对性专门练习，用以提高运动员的战术适应能力和运用能力。如模拟对手是主动进攻型或是防守反击型，自己则运用能克敌制胜的战术，模拟横踢好的对手，模拟后踢好的对手以及各种情况。要求运动员动作要逼真，以不断提高练习者的适应能力和战术运用能力。

（五）按照比赛的要求进行实战

按照竞赛规则的要求和规定，在比赛的条件下，训练和培养运动员运用战术的能力，丰富临场比赛经验。也可根据从难、从严、从实战需要出发，安排有特定条件的比赛。如不同体重级别、不同技术水平的对手进行比赛，或一人每局轮战一个对手，以提高战术运用和临场应变能力。另外，通过各种形式的交流比赛来进行战术训练效果会更好。

三、战术训练手段

训练手段是指为了提高运动员身体素质、技术、战术、心理等水平而采取的练习内容和方法。由于现代跆拳道运动技术的快速发展，对训练内容和方法都提出了更高的要求。因此，应将训练方法这一概念加以延伸，落实到具体的训练手段上。

（一）训练比赛

在训练过程中模拟比赛，以赛带训，双方运动员各自完成自己的战术意图，可以采用固定的模式即程序化的训练手段。

1. 左方前腿进攻——右方前腿反击。
2. 左方前腿进攻——右方后腿反击。
3. 左方后腿进攻——右方前腿反击。
4. 左方后腿进攻——右方后腿反击。
5. 左方单一进攻——右方组合反击。
6. 左方组合进攻——右方单一反击。

（二）交叉训练

根据训练与比赛的需要，在训练中将运动员按照不同级别、不同身高、不同性别等分别进行交叉而采取的训练手段。交叉训练也是变换最多的一种手段，在各级各类的训练中都经常使用。

1. 同级别交叉

在训练过程中将级别相同的几名运动员安排在一个小组进行循环交叉训练。

（1）规定每个交叉的训练时间

规定每一次交叉的训练时间，比如1分钟或者2分钟后交换对手，而不管双方运动员得多少分，局间休息时间可以统一，也可以随着训练的进行按规律递增或递减。

（2）规定每个交叉的有效得分

这种交叉是只要求运动员所要得的具体分数，而不管多长时间，可以规定得1分就交换对手或者得2分交换对手。这种手段一般多用于练习“突然死亡法”，可以提高运动员得关键分的能力。

（3）在规定的时间内应得到的有效分数

通过这种练习手段，比分高的一方可以扩大领先优势，而比分落后的一方要抓住有限的时间尽量把比分追上或者反超，在困难中寻找机会，培养运动员的心理承受能力。

2. 不同级别交叉

在训练过程中将体重不相同的几名运动员安排在一个小组进行循环交叉训练，有利于运动员尝试不常用的技术。但要注意的是，此种交叉一般情况下不宜相差2个级别，否则就达不到训练的目的。

（1）规定运动员使用的技术动作

相对来说，大级别运动员身高上也占有优势，控制的攻击半径大，但是近距离作战有时倒不如身材较矮小的运动员。如规定级别大的运动员只能使用横踢、后踢、旋风踢等动作，不能使用下劈、后旋、双飞等动作，而小级别运动员如想得分则要想办法接近对手，这样可以提高双方运动员不同距离的作战能力。

（2）事先设定双方的比分

事先设定好双方的比分，比如大级别运动员 1∶2 落后，比赛时间只剩下 1 分钟。此时，大级别运动员则要发挥身高腿长的优势主动进攻，同时还要防止对手靠近自己，即使得不到分，也要想办法逼迫对手消极防守而受到警告，这样也有可能造成平局；对于小级别运动员来说，此时的比分领先，要发挥步法灵活、组合动作快的优势争取接近对手再攻击得分，采取贴身近距离作战的打法。

3. 身高交叉空间战术

一般情况下，相同级别的运动员身高也不会有太大差距，但也有例外。可以安排不同身高的运动员进行交叉训练。比如某名运动员身高是 1.80 米，可以让其和身高 1.70 米或 1.90 米的运动员进行比赛，运动员要学会尽快适应不同身材的对手，以此来提高实战能力。但同时要注意体重级别的合理搭配。

4. 性别交叉

在训练过程中将体重相同或相近的几名男女运动员混合安排在一个小组进行循环交叉训练。

（1）有利于增强女运动员的对抗强度和加快比赛节奏

相对来说，男运动员的速度快、力量大，女运动员的柔韧性好，攻击头部的几率大。此时可以男女混合分组，规定男运动员不能攻击女运动员的头部，而女运动员则可以使用各种动作。一方面可以提高男运动员保护头部的意识，另一方面有利于增强女运动员的对抗强度和加快比赛节奏。现在中国国家队女运动员的陪练基本上都是男运动员。

（2）有利于增加训练的趣味性

运动员在经历长期艰苦、枯燥的训练与比赛后，性格上的差异也很大，即使是在同一支队伍训练的运动员性格也各不相同，有的运动员性格孤僻，和同性队友交流少。进行性别交叉训练可以避免枯燥无味、单一的训练模式，对运动员的身心发展与技术的提高能起到一定的辅助作用。

（三）坐庄与车轮战

根据训练与比赛的需要，为增加运动员的有氧耐力以及提高运动员的连续作战能力而采取的手段。休息的时间根据实际情况而定，有利于培养运动员意志品质以及得关键分的能力，常用的方式如下。

1. 获胜的坐庄

在规定的时间内让获胜的运动员坐庄，可以培养连续作战的能力，只要失利就下场休息，可以激励运动员争取多获得比赛的胜利，提高自信心。

2. 失败的坐庄

随着比赛的进行，运动员的速度、力量、耐力等都会受到不同程度的影响，刚上场的运动员都是经过短暂的休息，无形之中会使坐庄运动员的对抗强度变得越来越大，而 要想下场休息就必须获胜。

3. 规定时间坐庄

事先指定一方运动员连续坐庄，不论比分的多少，1 分钟或者 2 分钟就交换一个对手。

4. 规定比分坐庄

没有时间限制，只要一方运动员先达到规定的分数比赛就结束，获胜的一方或失利的一方再坐庄。

5. 规定休息时间

局间休息的时间可以根据实际情况来制定，比如 1 分钟、30 秒、20 秒、10 秒等，可以是固定的，也可以递增或递减，或中间不休息而连续作战。连续作战可以提高运动员的无氧代谢功能。

6. 车轮战

不论比分多少也不论胜负，就指定一名运动员连续坐庄，其余运动员轮番与其比赛，可以培养运动员坚强的意志品质与刻苦耐劳的精神。

（四）级别递增或递减

比如先让 54kg 级的两名运动员比赛，获胜的一方再和 58kg 级的比赛，无论哪一方获胜，下一轮的对手级别就相应上升一位；或者采取级别递减的方式，先让 87kg 以上级的两名运动员比赛，获胜的一方再和 87kg 级的比赛，只要获胜，下一轮的对手级别就相应下降一位。

（五）设定奖惩措施

这是将技、战术训练与身体素质训练结合在一起的手段，既可以达到训练的目的，也可以起到活跃气氛的作用，在轻松、欢快的环境下形成竞争。每一局或者每一个交叉比赛结束后，要根据比赛的胜负或比分的多少来完成一定的身体素质练习。比如，失败的一方要做快速两头起 20 次，或者比分落后 1 分要做快速两头起 20 次，落后 2 分要做快速两头起 20 次再加 20 次高抬腿等。

总之，战术训练的方法与手段多种多样，教练员要根据运动员的不同情况与不同时期安排不同的训练策略。在比赛中，各种战术的制定与运用也都是互相矛盾、互相制约的一个整体，正如有进攻战术就有反击战术一样，由于比赛过程情况复杂、变化多端，对手多种多样，运动员应根据平时训练积累的经验以及场上随时变化的情况，灵活地运用战术，从而达到获胜的目的。

思考题：

1. 战术能力包括哪些内容？
2. 战术的应用应注意什么？
3. 战术形式包括哪些内容？
4. 战术训练的要求是什么？
5. 常用的战术训练手段有哪些？

第四章 跆拳道教学与训练

教学与训练是从事跆拳道练习过程中的两个基本阶段。跆拳道的教学是在教师或教练员的指导下，学生或运动员掌握运动技术和技能的过程，是培养学生掌握必要的知识、技术、技能的阶段；训练则是改进、提高与不断完善的阶段。这两个阶段既有区别又是密切联系不可分割的。教学过程中离不开训练实践，而在训练过程中仍要通过教学才能不断提高。所以说，教学与训练是相辅相成、互相联系、互相促进的一个整体。

第一节 跆拳道教学原则

跆拳道教学原则基本上遵循体育教学的原则，它是跆拳道教学过程中客观规律的反映，是教学过程中必须遵循的基本要求。在进行跆拳道教学时，教师必须深入理解教学工作中的各种辩证关系，正确地运用这些原则，调动一切积极因素，提高教学质量。

一、自觉积极性原则

在整个教学过程中，要使学生深刻认识到参加学习与训练的目的，自觉、积极地进行学习与训练的原则。

自觉积极性原则要求要把教师的主导作用和学生的主动性结合起来，教育学生明确学习目的，充分调动学习积极性和主动性。激发学生求知欲，培养学生热爱跆拳道的兴趣，引导学生独立思考、灵活运用知识，使学生的学习成为自觉的行为。在教学中学生的学习积极性主要表现为：遵守课堂纪律，学习刻苦，作风顽强，能完成规定的练习内容并能主动配合教师完成教学任务。

贯彻自觉积极性原则应注意以下几点。

（一）要使学生明确学习目的，端正学习态度

经常对学生进行思想教育，使学生认识到学习跆拳道对培养意志品质、增强体质和自卫防身等方面的意义，以促进学习的积极性和自觉性。跆拳道教学中的思想教育应着重围绕以下几个方面：培养勇猛顽强、刻苦训练的意志品质，养成严格训练、自觉遵守纪律、谦虚有礼的作风，培养团结互助的集体主义思想。每次课要使学生明确课的任务和要求，使学生有目的地进行学习。

（二）充分调动学生学习的兴趣

基本功与基本技术的学习需要一个长期的过程，特别是在学习的初期，有时会显得枯燥无味，在学习难度技术时往往学生会对自己失去信心，比如学习后旋踢、旋风踢等这些高难度的腿法。为了完成学习任务，在教学的方法、手段上要采取形式多变、生动活泼的方式。学生有了兴趣，学习的积极性和自觉性才能提高，对初学者应通过思想教育，通过各种轻轻试打护具的练习，使学生逐渐消除胆怯的心理，树立学好跆拳道的信心。在教学中要善于根据学生的情况提出合理的要求，从而做到每一次课都有新的体会和进步。组织教法要多样化，可采用游戏和实战比赛的方法，尽量使教学气氛生动活泼。

（三）定期进行总结和考核，培养学生自我分析的能力

在教学过程中，当一个教学内容完成后，都要进行小结，每一个学期教学内容完成后都要进行考核，使学生看到自己的进步，进一步促进他们坚定信心和学习热情，提高他们的积极性。同时也要找出差距和不足，分析问题的原因以及克

服的方法，从而能够让学生积极主动地投入到下一阶段的学习中去。

二、直观性原则

直观性原则是指在教学中运用各种直观手段，通过学生的视觉器官，建立完整正确的动作表象，培养学生的观察能力与思维能力，提高学生技术水平的教学原则。

人的认识要经过从感性阶段到理性阶段的认识过程。在跆拳道的教学中，学生除了通过视觉、听觉来感知动作的形象外，还要通过触觉和肌肉的本体感觉来感知动作的要领、方位、肌肉用力的程度和方法。

贯彻直观性原则应注意以下几点。

（一）生动的讲解

运用生动的语言进行启发式教学、通过讲解、口令、提示、要求、指示、比喻、复诵、反问、提问等促使学生积极思维，加深对教学内容的理解。在讲解的过程中要注意与示范紧密配合，使直观与思维很好地结合起来，达到更好的效果。教授新动作时，讲解一定要配合足够的示范；复习课时示范要有重点、有针对性、讲解要有分析。

（二）正确的示范

利用不同的示范方法，建立完整的动作概念。示范的方法有：完整示范、分解示范、正面示范、侧面示范、背面示范、错误动作的示范、正误对比的示范、边讲解边示范等。

（三）充分利用现代化教学设备进行教学

运用图表、照片、幻灯、电影、录像等直观教具和现代化的教学手段进行教学。这些设备可以帮助分析动作，以不同速度、不同角度来反复演示，对于连贯技术动作可以让学生更清楚地看到各个环节的连接，对提高教学质量是十分重要的。

（四）观摩

通过观摩高水平运动队（员）的训练和比赛，使学生有一个直观的印象，并可以作文字记录或拍摄录像，仔细研究高水平运动队（员）的技、战术特点，有助于改进和提高自身的不足。

三、区别对待原则

区别对待原则是指在教学过程中，要根据学生的特点、不同的教学任务与器材设备，选择不同的教学方法与手段的原则。

要想取得良好的教学效果，就必须认真处理好集体与个体之间的关系，区别对待，有针对性地组织教学过程。

贯彻区别对待原则应注意以下几点。

（一）应根据学生的年龄、性别、身体素质、接受能力、技术水平等，在教学过程中因人施教，区别对待

比如教学对象为青少年，在学习初期不能过早地加强力量与耐力素质的练习，要注重练习基本腿法与品势，发展柔韧性与速度，对于运动量与运动强度要适当掌握，因为青少年正处于生长发育期，如果不注意这些要求很容易出现伤害事故，甚至影响正常发育。对于成年人或学生来说，身体发育已成熟，骨骼定型，可以进行各项内容的学习与训练，但是还要根据具体情况，合理安排教学内容。比如，由于柔韧性未达到要求，可以先进行前踢、横踢、后踢等动作的学习，然后再学习下劈腿。对于接受能力不好的学生，要单独进行讲解与示范，必要时手把手地教。实战练习中，有的学生害怕和技术水平高的打，那么就可以安排水平相当或稍差的，逐步提高自信心。

（二）在全面了解学生的基础上，制定出反映全体和个人特点的教学计划

教学计划，既要有对全体，又要有对个人的不同要求，对重点学生还要制定

专门的教学计划。在教学中既要以全体教学为主，也要经常安排一些针对性较强的个人训练内容。因为每个学生的身体素质、接受能力等各有长处和短处，有的柔韧性好但耐力差，有的力量好但速度慢。因此，个人教学计划要针对情况扬长避短，提高教学质量。但是，不能忽视对全体的教学，否则会使其他学生的积极性受到影响。

四、循序渐进原则

循序渐进原则也称为系统性原则，是指持续地、循序渐进地组织教学过程的教学原则。

循序渐进原则的确立与教学过程的连续性与阶段性的基本特性密切相关。它一方面指出学生只有长时间、持续地进行学习，才能掌握教学内容；另一方面，必须是循序渐进地进行教学才能达到理想的教学效果，切不可盲目求快。

由于技术的难度和人的接受能力存在差异，不同的教学对象对同一技术难度的理解不同，就是同一教学对象，随着教学的进展，对同一技术难度理解也不同。因此简与繁、易与难、浅与深是相对的，不是绝对的。应以教学对象、教学内容而定，灵活地运用系统性原则，防止简单化、公式化。

贯彻循序渐进原则应注意以下几点。

（一）理论与实践相结合进行教学

对于新学生或没有运动基础的学生来说，从事跆拳道教学时，教师首先要教他们练习与跆拳道有关的基本功，然后再学习基本技术，在单个技术运用自如的基础上再进一步学习组合动作。在动作熟练掌握并通过反复练习当达到一定技术水平后，再进行战术与实战练习。

在理论的讲授上，首先要讲解跆拳道概述，使学生初步了解跆拳道的起源、发展、特点和作用等。然后再介绍跆拳道的技术内容和进行技术分析。最后讲解跆拳道的教学与训练、竞赛与裁判法。这样，从技术到理论有机地结合起来进行系统地教学与训练，使学生全面理解与掌握跆拳道技术和理论。

（二）坚持长期不懈地学习与训练

根据人们认识事物的规律，运动技能形成与人体生理机能活动能力的变化规律，要遵循由简到繁、由易到难、由浅入深，逐步深化的认识过程，而教学是一个复杂的系统工程，是有计划、有组织、有步骤的行动。从教材的安排到每节课的组织实施，精心安排每节课的教学内容、练习方法、运动负荷以及采取的教学措施。使学生能系统学习，有效地掌握知识、技术和技能。

教学与训练过程中必须注意循序渐进，以保证学生的有机体产生一系列适应性的良好变化，人体对运动技能的掌握以及对训练负荷的生物适应必须通过有机体自身的各个系统、各个器官、各部分肌肉的变化一点一点去实现。学生对知识技能的掌握不仅受到自身生理、心理等因素的影响，同时也受到教师教学方法以及教学环境的影响。因此，人体机能的适应性改造包括中枢神经系统功能的改造，都不是在短时间内能奏效的。必须经过长期的学习与训练，这样才能使身体素质、技术、战术、意志品质等不断提高，达到良好的学习效果。

（三）科学地安排教学计划与教学顺序

根据教材的难易程度和各项技、战术的有机联系，科学地安排教学计划与教学顺序。比如在学习腿法时，一定要先学习前踢、横踢等较为简单的腿法，然后学习下劈、后踢等有一定难度的腿法，最后再学习旋风踢、后旋等高难度腿法。课与课之间的教学内容要衔接连贯，合理地安排间歇和调整时间，并注意理论与技术、技术与战术的衔接连贯性以及技术对身体素质的依赖关系等。严密组织教法，发挥教师的主导作用，可根据具体情况调整课的密度和强度，逐步增加练习难度，运动量的安排要逐渐加大，使学生总有新的攀登目标和努力方向，以此激发学生探求知识的欲望。

五、合理安排运动负荷原则

合理安排运动负荷原则是根据学生的实际情况与人体机能训练适应规律，为提高学生的技、战术水平与身体素质，在教学与训练中给予相应的运动负荷，以取得理想教学效果的原则。

贯彻合理安排运动负荷原则应注意以下几点。

（一）逐步加大运动负荷

在教学与训练过程中，要逐步地、有节奏地加大运动负荷，使其产生良好的适应性变化，使体能和技术水平不断提高，达到最佳学习与训练状态。当负荷保持在一定的条件，机体的应激以及随之产生的一系列变化都会保持在一个适度的范围内。这时负荷的量越大，对机体的刺激越深，所引起的应激也越强烈，机体产生的相应变化也就越明显，技术水平提高得也就越快。相反，如果运动负荷不是逐步加大或当负荷超过了一定的范围，人的机体就会产生劣变现象。突然加大运动负荷而不进行适时恢复，学生会觉得不能适应，甚至还会出现伤病和影响到身体健康。加大运动负荷要有大、中、小节奏的变化，一成不变的负荷不但效果不好，还会影响到学生的学习情绪。

（二）处理好负荷与恢复的关系

不论是在进行教学或训练，总是要伴有一定的运动负荷，教学离不开训练，训练离不开负荷，有了负荷就离不开恢复，学生的机体在承受了一定的运动负荷后必须有一定的恢复时间，借以消除疲劳，否则会出现体能与技术水平下降。在跆拳道训练中，必须重视负荷与恢复的协同效应，不能等到学生的疲劳已经产生才考虑恢复，而是在教学与训练计划实施的同时就要考虑负荷后的恢复问题，有条件的还可以配合医务监督，及时检测生理、生化指标，预防过度疲劳的产生。

（三）不同的时期，运动负荷的安排应有所不同

比如在新学期开始之际，学生在经过长期的假期之后重新投入到学习与训练中，这个时期的主要教学任务就是积极恢复，身体素质、动作规格、反应能力等都需要进行调整，应当安排小负荷。随着时间的推移，有节奏地加大运动负荷。赛前的训练量与强度一般都比较大，为了迎接紧张激烈的比赛，需要加大负荷量，甚至到极限，这个时期学生休息的时间也要适当增加，或者安排一些休闲娱乐等活动，借以调整情绪与恢复体力。

六、巩固与提高相结合原则

巩固与提高相结合原则是指在教学中，使学生牢固地掌握所学的知识、技术和技能，能随时在记忆中再现这些内容，并能在实践中加以运用的原则。巩固与提高是紧密联系的。技术的巩固程度为技术的提高创造了条件。因此，在跆拳道教学中，不仅要使学生自觉地去学习跆拳道知识和技术，而且还要让他们注意巩固已掌握的知识和技术，使学生在巩固的过程中不断提高。要使学生在较短的时间内牢固掌握所学的知识和技能，需要及时地、不断地重复，防止遗忘。知识的巩固要贯穿于教学的各个环节，贯彻巩固性原则，必须处理好技术动作的正确性与练习次数的关系。初学者以建立正确的技术概念，形成规范的动作为主，在此基础上增加练习次数，强化技术，达到巩固与提高的目的。

巩固与提高相结合原则应注意以下几点。

（一）逐步改进技术动作的缺点

知识技能的学习与掌握都有一个退化的过程，刚开始学会了可能过一段时间又忘记了或者做不出正确的动作，这是自然规律和必须要经历的过程。教师要做到耐心、细致，不断纠正学生的错误动作，不能过分批评与贬低学生，否则会影响学生的情绪，达不到教学目的。

（二）反复练习，不断提高动作质量

一个技术动作的掌握，不但要掌握其动作要领、方法，关键还要让学生体会与掌握如何使用，在掌握动作路线与要领后要经过反复练习，多种练习方法相结合。比如横踢腿空击练习，可以改进与提高动作规格；通过打脚靶可以练习击打的准确性与提高速度；通过护具练习可以让学生掌握战术方法与使用的时机。而要完成这些练习，前提条件是首先已经掌握了动作规格与要领，再通过大量的练习来提高动作质量。

（三）在原有的基础上提出更高的要求

仍以横踢腿为例，空击、脚靶与护具的使用方法都掌握了，那么在此基础上要有新的练习标准。比如，进攻时如何使用，防守反击时如何使用，与其他腿法组合时又该如何使用等，慢慢积累经验。学生掌握了横踢腿的用法，教师也达到了教学的目的。

第二节 跆拳道教学法

教学方法是指为了完成教学任务而采取的方式、手段和途径。在跆拳道教学过程中要根据不同阶段的教学内容、任务和目的，结合学生的实际情况灵活运用教学方法，力求取得良好的效果。

一、语言法

正确地运用语言，使学生了解每个阶段、每次课的教学内容、任务和目的，同时激发和培养学生主动学习的积极性，启发学生积极思维，帮助学生树立克服困难和持之以恒的勇气。

（一）讲解法

讲解法是使学生正确认识教学内容的基本方法。讲解要生动形象、简明扼要、通俗易懂，同时要注意讲解的时机和层次。讲解的内容一般有以下几点。

1. 讲解动作名称

动作名称是教学中首先要让学生了解和掌握的。解释动作名称时，可以把武术、散打等项目动作相似但名称不同的术语进行比较，使学生加深对动作名称的理解，以便熟记，并能拓展知识面，培养学习兴趣。

2. 讲解动作的要领

讲解好动作的关键所在，使学生明白动作都包括哪些主要环节，动作的起始点、路线、发力、力点，身体姿势等。比如在学习横踢腿时，要先提膝再转动支撑脚，然后再发力。

3. 讲解动作的攻防用法

分析动作的攻防距离、力点、使用的时机，比如疾步横踢与后横踢的组合，要让学生明白疾步横踢一般是假动作引诱，等到距离达到有效攻击时再进行第二腿攻击，类似这样的情况在教学与训练中非常多。所以，教师一定要耐心地讲解。

4. 讲解动作的易犯错误

学习动作之前或学生在练习之前，要先讲解动作易犯的错误，使学生意识到错误所在而力求预防，提高学生对正确动作与错误动作的识别能力。

5. 讲解动作的练习方法

学习动作之后就要进行练习，这时教师要讲解好练习的步骤、队列的组织形式、分组情况、练习的次数、组数等。

（二）口令法

口令法就是利用短促、洪亮、生动有力的语言指挥学生学习和练习的方法。口令一般包括以下几种。

1. 数字口令

组织练习时，一般多采用类似于广播体操的数字口令指挥学生统一进行练习，但口令的节奏可快可慢，可断可续，根据练习的内容或学生的情况具体掌握。

2. 术语口令

为了提高学生的反应速度，巩固语言信号的条件反射，在练习时可以发出不同的动作术语或技、战术打法术语，让学生听到口令后迅速做出相应的技术动作，从而达到练习的目的。

3. 提示性口令

在条件实战或实战练习中，为了让学生在场上能够合理地运用技、战术，教师可在旁边用语言进行提示。比如说注意距离、注意对方的后踢、组合动作要打出来等。这些专业术语还可以通过暗示性语言来提示，逐步培养学生分析问题与解决问题的能力。

二、直观法

直观法是通过教师的示范或通过现代化教学设备，让学生能够直观地观察到动作的路线、要点等所采用的方法。

（一）示范法

主要采用正确的示范动作，使学生建立正确的技术动作表象。教师在做示范时应注意以下几点。

1. 示范与讲解相结合

示范与讲解不可分割，在教学时要结合起来运用。可以先示范再讲解，也可以先讲解再示范，或边示范边讲解。对于初学者来说，教师要尽量多做示范，以便学生模仿学习，有助于尽快掌握动作要领；而对于水平较高者来说，示范一般点到为止。

2. 完整示范与分解示范相结合

对于简单的动作一般做完整示范，对于结构复杂或由多个环节组成的动作则要完整示范与分解示范相结合，让学生既要看清整个动作的全貌，还要看清各个环节的结合。为了建立完整的示范动作概念，一般先做一次完整的示范动作，再根据技术动作的结构和要求做重点示范，让学生注意力重点放到动作最主要的环节上。

3. 示范位置的选择

示范位置的选择是以能让学生看清楚教师的示范为原则。比如，学生站 4 列横队时，可以让前 3 列的学生坐下，以便让后排的学生能够看清教师的示范；或者让前两排的学生后转，中间留出一定的空地，教师站在中间进行示范；也可以让队伍成半圆形站立，教师在中心位置示范。

4. 示范面的运用

教师所采用的示范面一般有侧面、斜面、背面和镜面示范4种。根据不同的动作，要采用不同的示范面，即使同一个动作也可以采用几种示范面。比如后踢腿示范，做镜面示范可以看清动作的路线，做背面示范可以看清发力的要领和躯干的位置，做侧面示范可以看清发力时重心的位置。

5. 领做示范

讲解与示范后，教师要带领学生学习动作，选择合适的示范面和示范位置，让学生跟随示范模仿练习。教师从学生试做中可以发现存在的问题，特别是技术动作主要环节的完成情况，对技术动作进行补充示范与讲解，以动作的规范来强化动作概念的形成。

（二）电化教学法

通过观看教材图片、教学录像、比赛录像等，加深对教学内容的理解，以便建立正确的概念。

三、完整与分解法

完整教学法就是从动作开始到结束，不分部分和段落，完整的进行教学。在学习结构简单、难度不大的动作时，或对有一定基础的学生来说主要采用完整法进行教学。它的优点是便于学生完整的掌握动作，不至于破坏动作的结构和各部分的联系。简单的技术动作，如前踢腿动作，就可采用完整教学法。这种教法的缺点是不容易掌握动作中较困难的要素和环节。

分解教学法是把完整的动作合理地分成几个部分，按部分逐步地进行教学的方法。分解教学主要是在学习比较复杂、难度较大的动作时，或对基础和接受能力相对较差的学生进行分解教学。其优点是可以简化教学过程，便于掌握动作的准确性，有利于学生感知和了解动作的各个环节，尽快地掌握较复杂的动作。如横踢腿动作可分解为：提膝、转动支撑脚、鞭打、屈膝、转动支撑脚、落地还原六个步骤。但分解法如运用不当，容易使动作割裂，破坏动作结构，从而影响正确动作形成。

采用分解教学时不宜将动作拆分过于细化，应在学生通过分解教学初步掌握动作之后尽快向完整动作过渡。完整与分解法要有机地结合起来，一般可采用完整—分解—完整的教学过程。开始的完整教学可以给学生一个完整的动作印象，通过分解教学可以体会到动作的细节和各个环节之间的联系，然后再把每一个细节动作由慢到快连贯起来练习，就形成了完整动作。

四、组织练习法

学生初步掌握了动作之后，应组织学生进行反复练习，同时检查和纠正错误动作，达到巩固和提高的目的。组织练习法主要有以下几种。

（一）集体练习法

学生通过听口令、看手势等方式，按照一定的组数、时间统一进行练习，发现错误及时纠正。在此基础上可以采用镜面练习、行进间练习等方法，进一步巩固和提高动作要领，促使学生尽快形成动力定型。

（二）分组练习法

在学生初步掌握动作要领之后可进行分组练习，充分发挥学生的主观能动性，培养学生互相学习、互相提高的良好风气，还可以组织各个小组进行比较，在分组时要把较好的和稍差的混合编组，以便在组内互相帮助。

（三）配对练习

配对练习包括两人面对面空击、打靶、攻防反应、条件实战、实战、教学比赛等，它是建立条件反射、提高技、战术水平所必须进行的一种练习方法。

（四）单人练习

针对学生在学习、练习过程中出现的一些错误动作，或在整体训练水平中某一方面存在的不足，或某一技术需要改进，要进行必要的辅导，以便达到全面提高的目的。

五、纠正错误法

在组织学生学习与练习过程中会出现各种错误动作，教师要善于发现与纠正，否则，错误动作重复多了会形成错误的动力定型，纠正起来就更困难了。学生容易产生错误的原因与纠正的方法主要有以下几点。

（一）由于学生的接受能力差或动作不协调时，容易出现错误，可采用分解教学、慢速示范、反复领做等方法帮助纠正。

（二）有的学生肌肉本体感觉差，不能很好地控制动作而出现错误，可采用静力练习、助力与阻力结合等方法帮助纠正。

（三）由于学生胆怯不敢完成动作时，要采用分解教学、加保护等措施来帮助学生练习，比如在练习腾空后旋踢时，刚开始一定要加保护，慢慢消除学生胆怯的心理。

（四）有的学生身体素质差，所做的动作达不到要求时，教师要根据教学内容，合理安排一些身体素质练习，比如踢腿的高度达不到要求时，要多安排柔韧练习，逐步提高身体素质，有助于提高动作质量。

第三节 跆拳道训练法

训练方法是指教练员和运动员为完成训练任务，达到提高专项成绩的目的而采用的途径和方法。训练过程中要完成身体素质、技术、战术、心理等各方面的任务，从而达到提高运动成绩的目的，就必须采用各种具体的途径和方法。运动员训练水平的提高，各阶段训练任务的完成，以及达到创造运动最高成绩的目的，都要依赖于训练方法的正确与创新。

一、重复训练法

重复训练法是指在不改变动作结构和运动负荷的情况下，按照既定的要求，反复地进行练习，每次（组）练习的间歇时间能使运动员机体基本恢复的一种练习方法。在跆拳道训练中，重复训练法是最基本、最常用的训练方法。在具体运用时，应根据训练任务与运动员的情况来确定练习内容与数量。

初学跆拳道，重点练习动作的要领，但重复的次数、组数不宜过多；掌握动作要领后，不但要求动作质量，还要提高练习的数量与强度。比如，要提高腿法的连击速度，可要求在规定的时间内必须完成多少次；为巩固动力定型，可要求在每次课的练习中必须完成一定的组数和总数量；为了发展专项耐力，要采取多次数、多组数的练习。

重复训练法中的练习强度，要以学生的所能承受的最大强度为限，间歇时间要充分，使机体达到基本恢复。一般来说，间歇的时间是练习时间的 2 ~ 3 倍，间歇后的心率应控制在 110 次/分以下为佳。另外，重复训练法是反复练习同一个动作或同一组动作，容易造成单调乏味的情绪。因此，在两组练习之间，可以组织一些游戏、比赛或其他活动进行调剂，有利于活跃课堂气氛，提高学生练习积极性。

二、间歇训练法

间歇训练法是指对多次练习的间歇作出严格规定，使机体处于不完全恢复的状态下，反复进行练习的方法。在形式上类似于重复训练法，区别在于练习的间歇时间是规定的，机体不一定完全恢复就进行下一组的练习，在一定程度上是进行半无氧代谢状态训练。这对提高有机体的机能，特别是心血管系统的机能，发展速度和耐力方面有较大的作用。

间歇训练法的间歇时间，要根据练习的动作数量和负荷强度来合理制定。一般来说，练习的动作数量多、负荷强度大，间歇时间应长一些。心率在 120 ~ 140 次/分时，进行下一次练习。

在跆拳道训练中，为了提高学生的专项耐力，经常采用间歇训练法。根据最新比赛技术统计，每个交手回合间隔时间大约为12秒，在平常训练中，可以要求间隔时间稍短一些，以提高速度耐力与力量耐力。正式比赛为3局，局间休息1分钟，而在平常训练中，可规定打4局，甚至于5局、6局，局间休息30秒，在赛前训练阶段，经常采用间歇训练法。

需要注意的是，间歇训练的负荷较大，对学生的有机体机能水平要求较高。因此，使用这种方法进行训练时，要求学生有较高的训练基础，根据学生承受负荷的能力合理、科学地安排，并配合医务监督。

三、变换训练法

变换训练法是指在训练过程中，有目的地变换运动负荷、训练练习内容、训练形式以及训练环境等进行的训练方法。通过变换运动负荷，可使机体产生与跆拳道专项相匹配的适应性变化，从而提高承受比赛时不同运动负荷的能力；变换训练内容，可使学生的身体素质、技术、战术得到系统的发展；变换训练环境，可以避免单调乏味，提高学生训练积极性，能够达到不同的训练目的。

在跆拳道训练中，可以把步法、拳法、腿法交替进行训练，使参加工作的不同肌肉群有劳有逸，可以延长练习时间，避免单一肌肉群的疲劳。也可以动力性与静力性相结合进行练习或者品势与竞技交替练习等。在练习腿法的速度时，可以通过空击、打靶等方式，或者在脚踝上缠绑上小沙袋，逐步加重末梢的负荷，重点发展速度力量；耐力训练不一定都在田径场跑步，可以通过公路跑或越野跑；发展腿部力量，可以通过爬山等方式；为了适应比赛的环境与情景，可以把训练安排在上午、下午、晚上交替进行。不断变换训练方法，可以达到刺激神经、振奋精神的作用。

四、持续训练法

持续训练法是指负荷强度较低，负荷时间较长，无间断地连续进行练习的方法。练习时，平均心率应在130～170次/分之间。负荷强度一般在运动员所能承受的最大负荷强度的60%左右，持续训练主要用于发展跆拳道运动员一般耐力，有助于完善负荷强度，可使机体运动机能在较长的负荷刺激下产生稳定的适应，内脏器官产生适应性的变化；可提高有氧代谢系统供能能力以及该供能状态下有氧运动的强度；可为进一步提高无氧代谢能力及无氧工作强度奠定坚实的基础。

依据运动训练学对持续训练法类型的分类可以分为短时间持续训练方法、中时间持续训练方法和长时间持续训练方法3种类型。

短时间持续训练方法的应用特点是一次持续练习的负荷时间相对较短，一般在5~10分左右，负荷强度相对较高，平均心率应控制在170次/分左右。可有效提高跆拳道运动员无氧、有氧代谢系统混合供能能力，在跆拳道的训练中可以用于条件实战，在规定的时间内，运动员不能休息，速度要快，击打部位要准确，形象要逼真，力量可以适当控制。可有效提高跆拳道运动员无氧、有氧代谢系统混合供能能力。

中时间持续训练方法的应用特点是运动强度相对较低，负荷强度变化较小，过程不间断，心率一般控制在160次/分左右，在跆拳道的训练中可以用于连续打攻防组合靶，能有效提高运动员有氧代谢系统供能能力，提高技术应用的稳定性和抵御疲劳的耐久性。

长时间持续训练方法应用特点是负荷时间长，运动过程始终不间断，心率一般控制在130~160次/分左右，在跆拳道的训练中可以用于训练耐力素质，可有效提高运动员有氧代谢系统供能能力。

五、循环训练法

循环训练法是指根据训练的具体任务，建立若干个练习站，按照规定的程序，依次完成规定的内容，周而复始地进行训练。每站的练习内容，运动负荷以及循环的次数，要根据训练目的和学生的具体水平合理制定。

循环训练法可用于技、战术的巩固与提高，但更多的是用于体能训练，它是一种综合形式的练习方法，比较生动活泼，能够提高学生的积极性。另外，由于是一站一站地连续练习，中间停顿的时间较短，训练的密度相对较大。

比如在练习腿法时可以将学生分成几个小组进行练习，可设：①横踢站，②

下劈站，③后踢站，④双飞站，⑤后旋站，⑥旋风踢站，每个站之间可以规定踢脚靶的次数，也可以规定时间，可以按照1～6的顺序进行练习，也可以适当调整练习顺序。

循环训练法用于力量训练时，可设：①卧推杠铃站，②负重深蹲站，③腹肌练习站，④背肌练习站，⑤俯身提铃站，⑥负重半蹲跳站，循环往复地练习。训练时每个站安排的人数要根据训练的总人数、训练的条件以及密度而定，可以结合重复训练法与间歇训练法同时作用于一次训练中。

循环训练法是连续进行的。因此，训练内容必须是学生基本掌握的，而且还要考虑不同部位活动交替进行，为了验证循环训练的效果，不宜经常变动，在训练的开始和结束部分要分别进行各种指标和数据的测定。

六、游戏和比赛训练法

游戏和比赛训练法是通过游戏的方式或在近似、模拟或真实的比赛条件下，按照比赛的规则和方式进行训练的方法。游戏和比赛密切相关，许多比赛都是由游戏发展而来的。

游戏和比赛训练法显著特点是具有竞争性，可以提高学生的积极性和进取精神。游戏和比赛都有规则要求，只有遵循规则，互相配合，才能使游戏和比赛顺利进行。因此，这对培养学生遵守纪律、团结协作和集体主义精神有着积极的作用。而在一节课上，可用于准备部分和结束部分。在运用游戏比赛时，教师要根据训练任务提出不同的要求和侧重点。比如，要提高横踢腿的连击速度，将学生分成A、B两个小组，每组10名同学，每次比赛每组出1名同学，比赛时间为10秒钟，连击次数多的同学即为获胜1场，如果各胜5场，则各组再抽出1名同学加赛1场。又比如，为了提高下劈腿的踢腿高度，按照身高体重将学生分成A、B两个小组，各个小组先在组内进行选拔赛，然后将踢得最高的那名同学选拔出来代表本组进行比赛，可以通过助跑的方式来提高踢腿的高度。通过游戏和比赛训练法，既活跃了课堂气氛也达到了训练的目的。

在课的开始部分，通过游戏可以使学生精力集中，充分做好准备活动，尽快投入到训练中；在课的结束部分，通过一些有趣的游戏能使学生达到全身放松的效果，这些都是在训练中经常使用的方法，特别是对青少年来说效果会更佳。由于游戏比赛趣味浓厚，竞争激烈，学生为了获得比赛的胜利，往往都会情绪激奋，超常发挥，拼尽全力，体能消耗会很大。因此，学生在比赛前要做好充分的准备活动，教师要根据训练的任务把握好负荷量和结束的时机，避免负荷量过大，影响其他训练计划和任务的完成。

七、技术训练中应注意的几个问题

（一）把握好学习与创新的关系

学习是为了提高，要虚心学习国内外先进的训练方法和手段，同时切忌盲目随从，迷信他人。在虚心学习的基础上，更应提倡自力更生，自我创新，这样才能不断提高运动员技术水平。

（二）充分认识基本技术的重要性

鉴于基本技术在跆拳道技术中的地位与作用，教练员、运动员要认识到基本技术是比赛的主要得分手段，是技术的灵魂。训练中要注意在速度、力量、准确性、击打效果等细节上下功夫，逐步完成对正规技术的过渡。而创新、风格、特色等必须在扎实的基础上才能实现，不要盲目追求高难度，这样才能避免少走弯路。

（三）训练方法与手段要围绕两个重点

两个重点即“基本技术是基础，实战能力是核心。”只有紧紧扣住实战这一核心，才能及时把握训练方向，调整各个阶段的训练目标。

（四）精通竞赛规则

教练员、运动员要精通竞赛规则与裁判法，了解最新技术发展动态，根据规则的修改及时调整训练方法与思路，技术训练要紧扣技术得分的几个要素，围绕“得分”这一中心去计划、安排、组织、实施与提高。

（五）充分了解技术体系的内涵

教练员、运动员对技术内的各部分都要熟练掌握，不能偏废。教练员应在充分了解跆拳道技术体系的内涵及其各部分之间的相互关系和作用的前提下，指导运动员将来在高水平训练中突出发展某些技术，形成自己独特的风格。

（六）训练中要有侧重点

跆拳道属于技能主导类格斗对抗性项目，就其对抗特点和技术本身的要素来说，速度重于力量，进攻重于防守，准确性重于出腿次数。

（七）制订合理的训练计划

运动员的整体实力表现在很多方面，如技术与技术的连接，对攻防战机的把握，合适的心理紧张状态，利用规则、判罚尺度的漏洞来实施自己的战术，这些无形的经验和能力需要通过长期的训练和比赛来获得、提高并完善。在多年的训练中应有目的、有计划、系统地提高运动员的实战能力和竞技水平。

（八）处理好运动负荷，减少伤病的发生

在新训练周期以及比赛过渡期，主要任务就是积极恢复。身体素质、动作规格、反应能力等都需要进行调整，应安排小负荷。随着时间的推移，有节奏地加大运动负荷。赛前的训练量与强度一般都比较大，为了迎接紧张激烈的比赛，需要加大负荷量，甚至到极限，这个时期运动员休息的时间也要适当增加，或者安排一些休闲娱乐等活动，借以调整情绪与恢复体力。

在跆拳道训练中，必须重视负荷与恢复的协同效应，不能等到疲劳已经产生才考虑恢复，而是在教学与训练计划实施的同时就要考虑负荷后的恢复问题，有条件的还可以配合医务监督，及时检测生理、生化指标，预防过度疲劳的产生。

第四节　跆拳道训练计划

跆拳道训练计划是对训练工作预先做出的理论设计。制定训练计划是训练工作中不可缺少的重要环节。通过周密、科学的制定，可以使训练工作有系统、有步骤地进行，教练员和运动员都可以参照训练计划制定的目标逐步去完成训练任务和要求，随时监控各个训练过程实现目标的情况，以便促使运动成绩的提高。

制定跆拳道训练计划要符合运动训练的客观实际及发展规律，要依据运动员训练时间和具体要求，同时在制订训练计划前，必须考虑以下因素：训练人数、性别、年龄、体重级别、训练水平和训练年限、运动成绩、身体素质、技术情况、特点、个性心理、智力水平、承担负荷的能力和恢复能力、饮食营养条件、参加比赛的成绩指标等。根据这些因素，确定训练方向和工作要点。训练计划基本内容一般包括以下几点：（1）目的任务。（2）运动员的现实状态和情况分析。（3）训练过程的阶段划分。（4）训练指标和要求。（5）阶段划分和运动负荷的安排。（6）选用的训练方法和手段。（7）比赛的系列安排。（8）具体措施。

训练计划一般分为多年训练计划、年度训练计划、阶段训练计划、周训练计划和课训练计划 5 种类型。

一、多年训练计划

多年训练计划是对运动员多年训练过程的整体规划，时间跨度至少为 2 年，同时根据训练计划的时间跨度与运动员整个运动生涯的关系，可分为全过程多年训练计划和区间性多年训练计划。

（一）全过程多年训练计划

全过程多年训练计划是指运动员从开始训练到获得最高运动技术水平，甚至结束运动生涯所做出的长远规划，依据跆拳道项目的特点，运动员技能的形成及发展规律，同时结合运动训练学理论，全过程多年训练计划可分为以下几个阶段。

1. 基础训练阶段

基础训练阶段时间一般为2～3年。此阶段主要是进行体能和基本技术的练习，发展速度、力量、耐力、柔韧及协调性，规范技术动作，强调基本功的重要性。培养运动员对跆拳道的兴趣，养成尊敬师长、不畏艰难的良好品质。

2. 稳步提高阶段

稳步提高阶段时间一般为2～3年。提高专项运动素质，培养专项技、战术能力，形成自己的技术风格，提高专项理论水平，提高心理承受能力，善于总结与分析，不断增加运动负荷。

3. 最佳竞技阶段

最佳竞技阶段时间一般为3～5年。增加比赛次数，训练负荷增至最大，突出个人战术能力与风格，以专项运动素质训练为主，增加各个队之间训练、比赛与交流的机会，力争获取最佳比赛成绩。

4. 竞技保持阶段

竞技保持阶段时间一般为3～4年。努力保持竞技状态，发展运动员的智能，训练中保持强度，适当减量，增加文化理论学习，丰富运动员的个性，提高心理稳定性。

（二）区间性多年训练计划

区间性多年训练计划是指对于2年以上某一特定任务而制定的训练计划，区间年限是固定的，制定计划的依据主要是运动员的基础情况和任务指标。如跆拳道基本技术、基本战术、实战训练阶段的总体规划，参加2届奥运会之间四年的训练计划，参加2届世界锦标赛之间两年的训练计划等，都属于区间性多年训练计划。参加区间性多年训练的跆拳道运动员，有的处于多年训练全过程的最佳竞技阶段，有的处于技、战术学习的提高阶段。因此，对这些运动员的训练内容、方法、手段、负荷安排等都要周密细致，既要规划全队，又要区别对待。这样才能保证不同情况的运动员都能达到预定的训练目标。

二、年度训练计划

年度训练计划是多年训练计划体系中的重要组成单位，是保证多年训练计划的执行，达到预期训练指标的重要任务。年度训练计划的内容一般应包括以下几个方面。

（一）对上一年度的简单总结，发扬长处，找出存在的问题和解决的办法。

（二）本年度的主要任务。

（三）运动员当前的情况分析（技战术、素质、思想等）。

（四）运动员各项训练指标的预定（以定量性的素质为主）。

（五）全年训练周期的划分，各个时期的训练任务、时间、各项训练内容比例、运动负荷的安排、各项训练的基本要求、手段和措施。

（六）各阶段训练工作的检查、评定、总结的安排与要求。

根据每个训练年度在多年训练计划中所处的位置和任务，可把跆拳道年度训练计划划分为基本动作、基本技术的年度训练计划；基本技术、条件实战、实战的年度训练计划；参加比赛，创造和保持成绩的年度训练计划。又根据每个年度计划的内容和任务分为单周期、双周期和多周期3种类型。另外，年度训练计划中的每个周期都应包括时间阶段的划分、各阶段训练任务和内容、方法和手段以及运动负荷和调整休息等。

目前，全国跆拳道锦标赛一般在每年的3~5月份之间举行，所以，根据时间规律，一般将全年划分为两个周期。

（一）第一周期（11月~第二年的5月）

改进提高专项技、战术，利用冬训进行体能储备，全面提高运动素质，培养过硬的训练和比赛作风，学习有关理论知识，参加上半年的锦标赛，争取下半年的参赛资格。

（二）第二周期（6月~10月）

经过赛后1~2周的休整，进入准备期，根据锦标赛技、战术发展趋势，规则变化对比赛的影响，主要对手的特点等，制定相应对策，突出专项素质训练，参加下半年的冠军赛，争取获得优异成绩。

每个周期又划分为以下不同的时期。

1. 准备期（4 个月左右）

主要任务是全面提高运动员的身体机能，改进基本技术，学习有关理论知识，培养意志品质和优良作风。逐渐增加负荷强度，一般身体训练和专项身体训练相结合，并安排必要的智力训练和意志品质训练。

2. 竞赛期（1 个月左右）

做好赛前的准备工作，进行赛前模拟训练、战术训练和赛前心理训练，进一步提高技术水平，形成竞技状态，参加比赛，创造优异成绩。针对主要对手特点进行模拟训练，强度增至最大，同时保证机体得到充分的恢复。

3. 调整期（2 周左右）

进行积极性休息，总结上半年训练和比赛经验，制订新的目标和计划。以一般性训练和恢复性训练为主，训练量和训练强度不宜过大。

三、阶段训练计划

阶段训练计划是年度训练计划的有机组成部分，即一个年度中某一具体阶段的训练计划，阶段训练计划通常以周为单位，所以，阶段训练计划又可以是若干个周训练计划的组合，要保证某一训练阶段训练任务的完成，训练内容要安排得具体，同时还要考虑与下一个阶段的衔接与运动负荷。

阶段训练计划的基本内容主要包括：（1）阶段训练的总目标、任务及各小周期任务；（2）阶段训练计划的时间安排、总周数、总训练日、总课时、总时数等具体指标；（3）各种训练内容的比例及在小周期中的安排。

在执行阶段训练计划时，应力求保持与年度训练计划的一致性和连贯性。在年度训练过程中，常常为完成某个特定的训练任务而专门制订连续几周的阶段训练计划，如增加强度的阶段训练计划、发展个人特长技术的阶段训练计划等等。

四、周训练计划

周训练计划是具体的实施计划，使阶段训练计划内容更加详细和具体。在跆拳道训练中，一般是以7天为一个小周期，根据训练任务和内容的不同可分为基本训练周、赛前训练周、比赛周、恢复周4种类型。

（一）基本训练周

基本训练周的主要任务是提高一般和专项素质，通过负荷的变化使机体产生新的生物适应现象，学习掌握技、战术，学习有关的理论知识，不断提高运动员的竞技能力。

（二）赛前训练周

根据比赛的要求，采用各种训练方法促使运动员的机体适应比赛，时间通常为2~3周，通过赛前训练周把运动员的技、战术推向最高峰，达到最佳竞技状态，准备参加比赛，训练内容主要以战例分析与实战对抗为主，为了避免运动员产生疲劳，要考虑安排一个小周期进行调整，条件许可的情况下，可以安排负荷监控、理疗、心理咨询等。

（三）比赛周

运动员处于高度紧张状态，加上降体重等原因，生理容易产生突发性裂变、心理负担过重，神经系统与内分泌系统紊乱，要注意使运动员精神放松，安排好训练与休息，才能发挥正常水平。

（四）恢复调整周

经过长时间的训练和激烈的比赛，运动员的精神与体能消耗过大，要通过一段时间的调整，一般为1~3周最好，这时运动负荷要小，安排各种文娱活动，如球类、爬山、钓鱼、旅游等，使运动员在精神与体能上得到及时恢复，有利于进行下一阶段的训练。

周训练计划的基本内容如下。

1. 周训练的总任务与每天、每课次的任务与要求。

2. 一周训练的日数、周总课次数、每天的课次数、每次训练的具体时间及安排。

3. 每日或每次课的主要训练内容。

4. 每日负荷及周负荷节奏。

5. 每日的恢复措施。

6. 测验、比赛与测定的安排。

由于跆拳道项目的专项特点的要求，除恢复的训练日之外，几乎每天都安排技术练习。应注意的是要根据不同训练内容的负荷特点予以适当的交替安排，尽量避免由于局部负荷过重和过于集中而引起的过度训练。

五、课训练计划

训练课是运动训练最基本的组织形式，是根据周计划所规定的任务、内容和运动负荷的安排而制订的。所有训练计划都需要通过训练课的组织予以贯彻与实施，运动员技术水平的提高，也正是通过一次次的训练不断积累的结果。因此，训练课的质量与安排直接关系到训练过程的进行与运动水平的提高。

根据跆拳道训练课的主要任务和内容，一般把课训练计划分为以下 5 种类型。

（一）技、战术训练课

主要安排专项技术、战术训练。

（二）身体素质训练课

主要进行身体素质训练。

（三）模拟比赛训练课

模拟实际比赛，用以检查训练效果。

（四）调整训练课

以小负荷练习内容进行积极性恢复。

（五）综合训练课

主要将技、战术训练与素质训练课结合起来，根据要求按一定比例进行训练。

在跆拳道综合训练课中，训练内容的顺序一般是将技战术训练放在前面，素质训练放在后面；配合练习在前，实战练习在后。

训练课中一般应有 1 ~3 个练习高峰。一堂训练课通常是由准备部分、基本部分、结束部分 3 个部分组成。准备部分的主要任务是使运动员的运动器官和内脏器官逐步进入工作状态，从心理和生理 2 个方面做好承受运动负荷的准备。基本部分是按照计划和实际情况进行，也是训练课的主要部分，结束部分则主要是进行积极性恢复。

思考题：

1. 跆拳道教学原则有哪些？
2. 跆拳道常用的训练方法有哪些？
3. 在跆拳道教学中如何正确运用语言法？
4. 训练计划包括哪几种类型？
5. 根据自己的实际情况，制订出一份赛前训练周计划。

第五章 跆拳道运动的损伤与防治

跆拳道是对抗性很强的项目，在训练过程中，由于计划安排不合理、运动员身体素质差等原因，尤其是在实战与比赛中，运动员虽有各种护具的保护，但强有力的攻击仍可能使运动员受到伤害。如果出现运动损伤，运动员就不能参加正常的教学与训练，从而不能保证训练的系统性和持续性，妨碍技术水平和运动成绩的提高，甚至会影响运动员的身体健康或运动寿命。可见，运动损伤的防治在跆拳道的训练中占有重要的地位。如果能了解和掌握运动损伤发生的规律和原因，做好预防，就能最大限度地减少运动损伤，保证教学与训练的正常进行。

因此，如何保护运动员、延长运动员的运动生涯，成了不可忽视的课题。跆拳道运动医师认为，运动员最容易受伤的部位是踝部、足背、膝前部、胫骨、股前部、股后部、腰椎、手指等，此外还有其他 20 个部位也容易经常受伤，必须多加注意。强烈撞击、局部过度使用、姿势不正确、用力不当、二度重创、热身方式不对或技术动作不熟练等，都是造成运动伤害的主要因素，其最常见症状包括挫伤、撞伤、肌肉拉伤、韧带扭伤、骨膜炎、关节炎、肌腱炎等。

第一节　跆拳道运动常见的损伤及处理

一、擦　伤

运动员在踢脚靶、踢护具或实战对抗时，脚背、手、臂、眼角、口、鼻等部位都有可能出现擦伤。擦伤在跆拳道训练中是常见的，所以准备活动要充分，特别是在天气比较冷的时候，在训练之前要检查器械是否有破损，手指甲与脚趾甲要经常剪除，训练中不能佩戴耳环、项链等金属物品。

如果擦伤面积较小，可用0.1%的新洁尔灭溶液涂抹；若果擦伤面积较大，需用2.5%的碘酒和75%的酒精在伤口周围消毒，再用生理盐水棉球涂除伤口异物，然后用绷带包扎。

二、挫　伤

挫伤是指皮下受到外力作用而表皮无破皮，组织的连续性受到损伤而引起的局部闭合性损伤。

运动员在对抗时，腿相互碰撞、对脚、倒地等原因就会发生挫伤。外表挫伤一般症状比较轻，伤处出现疼痛、红肿或青紫色，可用冰袋冷敷；深部挫伤由于受力过大，会伤及肌肉、骨骼或关节，症状相对比较重，疼痛剧烈，局部有淤血，活动受到局限。此时，要在医生的指导下进行治疗，减少运动量。

三、膝关节急性损伤

膝关节由股骨、胫骨、腓骨、髌骨组成，关节内及周围有内外侧副韧带，前后十字韧带，内外侧半月板，以及肌肉和肌腱。膝关节是构造较为复杂的关节，也是较容易发生损伤的关节。

（一）内侧副韧带损伤

当膝关节屈曲130°~150°，小腿受力产生外展、外旋，或脚和小腿固定，大腿受力产生内收、内旋时，都可能造成内侧副韧带损伤。

（二）外侧副韧带损伤

当膝关节屈曲、小腿受力产生内收、内旋，或大腿受力产生外展、外旋时，外侧副韧带就会出现损伤。

轻微的侧副韧带损伤，疼痛较轻，肿胀不明显，没有关节屈伸障碍，只需停训2~3天，外敷活血止痛药即可。如果在比赛期间，应用弹力绷带缠裹加以保护。

较重的侧副韧带损伤，会出现明显的肿胀，关节屈伸功能受限，疼痛剧烈，一般采用橡皮海绵加弹力绷带压迫包扎，再用托板将膝关节固定于微屈位，然后抬高患肢休息。

侧副韧带如出现断裂，应立即加压包扎固定，然后送医院进一步诊治。

（三）十字韧带和半月板损伤

十字韧带损伤是由于膝关节处于半屈位时，突然出现旋转，或内收、外展动作引发的。

半月板损伤是由于膝关节处于半屈位，小腿外屈或内收、内旋时，受到急剧的研磨、捻转而引发的。

在运动员使用后旋踢或旋风踢时，由于动作不正确或时机把握不好，支撑腿就容易出现上述的损伤。

十字韧带或半月板损伤后，当时即有膝关节松动、软弱无力、不能持重行走的症状，这时需加压包扎，固定制动，然后送医院诊治。

膝关节损伤一般发生在实战和比赛时，主要由于力量不足、防守技术差，以及对方使用犯规动作造成的。所以在训练中要加强身体素质训练，正确运用技术动作，这样才可以减少或避免损伤。

第二节 跆拳道运动严重损伤的救治

一、休克的现场急救

休克是指人体受到强烈的有害作用而引起的一种急性循环功能不全综合征。运动中出现的休克多见于外伤性休克，主要是损伤引起的剧烈疼痛或震荡所致。

对于跆拳道运动来说，多在实战比赛中由于头部、腹部、裆部、颈部等受到强有力的击打，从而引起神志不清、面色苍白、四肢厥冷、血压下降等休克现象。

（一）脑震荡

出现短暂的意识障碍。此时，要先检查运动员的瞳孔，如发现一大一小，说明已经脑震荡，应立即送往医院。可掐人中或嗅稀氨水使之苏醒。按照规定同时也是为了保护运动员，即便是轻微的脑震荡，至少在一个月内不准参加比赛。

出现休克时，应立即让运动员平卧，头侧偏，注意防寒或防暑，不可随意搬动和让运动员坐立或站立。对于昏迷不醒者，可掐人中或嗅稀氨水使之苏醒。如果出现以下情况：昏迷时间在5分钟以上；清醒后头晕、恶心、呕吐剧烈、两瞳孔不对称或变形；清醒后颈部强直或出现第二次昏迷，说明头部损伤严重，应立即送医院处理。

（二）裆部严重挫伤

裆部挫伤急救措施同前，但要检查外部是否出血，睾丸是否进入腹腔，如有这些情况立即送往医院。一般情况下裆部被击中，可采用一人抱住伤者的腰部，自己托住裆部上跳的方法进行缓解。

（三）重击腹部

腹部受到重击也可出现暂时性休克状态，表现为意识清楚，但产生语言障碍，经过休息观察后，如很快恢复可继续比赛。如有其他不适感觉，应停止比赛，到医院进一步诊治。

（四）击中颈动脉

颈动脉受到重击，会使呼吸受阻，严重者会造成窒息。这时要使伤者处于正常体位，将头和躯干抬高10°，下肢抬高20°，以增加回心血量，改善脑部血流和缺氧状况。给伤者盖上棉被或保暖衣物，以免受凉，清除伤者口腔中的呕吐物，将舌头牵出，以保持呼吸道畅通。对严重者应在短时间内鉴定其昏迷程度，观察瞳孔、呼吸、脉搏等情况。如没有脑震荡，要进行人工呼吸，使之恢复常态。如果有出血现象，还要进行止血。但是现场急救都应当在医生的指导下进行护理和医治，确保得到有效的治疗。

二、关节脱位的处理

运动员在训练或比赛中，由于自我保护意识不强或动作不正确，容易造成关节脱位，这时受伤关节会出现疼痛、压痛和肿胀，关节功能丧失，关节外边出现畸形。

（一）肘关节脱位

一般以后脱位最为常见，急救的方法是牵引屈肘法。让伤者取坐位，助手站在伤者

背后，用手握住伤肢的上臂，术者一手握伤肢腕部，另一手拇指抵住尺骨鹰嘴，与助手对抗牵引数分钟，然后逐渐使肘关节屈曲，即可复位。复位后，肘关节应适当固定于屈曲90°的位置上，并用三角巾悬挂患肢于胸前，需2～3周后方可除去，此间可同时用中药内服、外敷或理疗。

（二）肩关节脱位

肩关节脱位时，一般采用手牵足蹬法最为简单可靠。伤者取仰卧位，术者坐于伤侧，双手握住患肢腕部，并用足底伸入伤侧腑下，蹬住其附近的胸壁，徐徐拉伤肢，并同时向外旋转伤肢，此时肱骨头可从锁骨下、喙突下、盂下离开，自关节囊的开口处滑入关节盂内。

三、骨折脱位

（一）开放性骨折脱位

对这种伤者应先止血，伤口消毒，用消毒巾包扎，并做临时固定，然后送医院治疗。不要将突出于创口外的骨段回纳，以免感染。

（二）简单的闭合性骨折、脱位

应在最短的时间内对伤者就地进行整复手术。在损伤的短时间内，组织出血和肿胀尚未达到最高值，容易复位，对组织的损害小，伤者痛苦小。整复后即使用夹板固定。如为复杂或畸形明显有碍固定的伤者，可缓缓用力顺势牵拉。适当矫正畸形，再做固定，以有利于向医院转送。凡伤处未经固定均不可搬动，以免加重损伤或发生休克。

第三节　跆拳道运动损伤的预防

跆拳道的教学与训练是一个长期而艰苦的过程。通过教学与训练，一方面使机体在形态、生理、生化等方面产生一系列适应性的良好变化；另一方面使运动员掌握和提高技术、战术，并能在比赛中熟练运用。在这一过程中，由于某个环节的疏忽就可能导致运动员出现损伤。为了减少或避免发生运动损伤，在教学和训练过程中必须注意以下几个方面。

一、加强礼仪精神教育

跆拳道讲究“以礼始、以礼终”，在平时的教学与训练中，要时时对学生进行礼仪精神教育，让学生理解练习跆拳道的最终目的是树立高尚人格和提高道德境界，通过学习跆拳道技术提高身体素质，达到身心健康和人格完善。身体素质的提高包括规则地锻炼增进身体健康，科学地训练提高跆拳道技术，最终达到能够自我防卫的目的。高尚人格的完善包括礼貌待人，诚实知耻，克己忍耐，百折不屈的精神，以及积极乐观，尊重他人，顾全大局，具有高度责任感的社会适应能力。因此，那些不讲文明道德，有意击打禁击部位，故意造成对手伤害的行为，是违背公平竞争和体育精神的。

二、遵守教学与训练的原则

任何运动项目都有其特点，教学与训练的原则需要围绕实际情况来具体实施。

教学与训练是长期的过程，要注意系统性与循序渐进相结合，在教学之初要以基本技术动作和身体素质练习为主，然后再过渡到战术以及实战，不能在学生的自我保护动作都没有掌握时就进行实战练习。再者，学生由于年龄、身体素质、接受能力等存在不同程度的差异，要贯彻区别对待原则，不能操之过急，个别与整体都要逐步提高训练水平。一旦违反了相关的原则，都有可能导致损伤的发生。

三、准备活动要充分

在进行练习之前，必须安排充足的时间做准备活动，一般不能低于20分钟，包括跑步、关节操、游戏、拉韧带等，使关节、肌肉、韧带得到充分的伸展，在温度较低的气候条件下，还要注意小关节的活动。千万不能因为一时冲动，一到训练场就开始练习。对于初学者更应重视这一点。

四、全面加强身体素质练习

良好的身体素质是进行训练的保障，是实现技、战术的基础，跆拳道是一项对抗激烈的运动项目，以击中对方多少和有效得分来判定比赛的胜负。技、战术的使用都是建立在身体素质的基础上。要想快速地改变身体的某一部位的运动方向，就必须通过步法、上下肢的协调配合，移动距离的长短，空间移动的角度等，才能达到预期的目的。这对运动员的力量、速度、爆发力等提出了很高的要求。随着比赛的进行，体力消耗甚多，能否快速移动，耐力又是相当重要的。根据跆拳道本身的运动特点来看，它轻力量重速度。运动员的身体普遍细长，重心较高，仅仅依靠下肢的移动来改变身体的运动方向是远远不够的，上肢的力量练习不能忽视。从生物力学角度来看，上肢肌肉体积虽小，但力量较大，所以在训练中上下肢协调发展，不能顾此失彼，影响技术的发挥。

五、加强医务监督

建立健全医务监督制度是预防运动损伤和过度训练，保证运动员训练和健康的有效措施之一。医务监督包括运动员自我监督和医生、科研人员检查运动员的生理、生化指标等内容。这样可以随时了解运动员对运动量和运动负荷的生理机能反应，作为医学观察的一项重要内容，为科学地安排训练提供依据。教练员和运动员都要配合医生的工作，尊重医生的意见。如运动员伤病未愈就参加训练或比赛，往往会使伤病加重或造成新的损伤。

跆拳道是一种既防身又强身的奥运竞技项目，运动员们虽有各种防护器材的保护，但强有力的攻击仍可能造成部分运动员遭受运动伤害。因此，如何保护运动员、延长运动员的运动生涯，成了不可忽视的课题。跆拳道运动医师认为，跆拳道运动员最容易受伤的部位是踝部、足背、膝前部、胫骨、股前部、股后部、腰椎、手指等，此外还有其他 20 个部位也容易经常受伤，必须多加注意。医护人员认为强烈撞击、局部过度使用、姿势不正确、用力不当、二度重创、热身方式不对或不足以及技术动作不成熟等，都是造成运动伤害的主要因素，其最常见症状包括挫伤（撞伤）、肌肉拉伤、韧带扭伤、骨膜炎、关节炎、肌腱炎等。

在练习中注意训练节奏，避免和技术水平差异过大的运动员对抗。同时要正确理解急性损伤“RICE”概念和疼痛程度与症状表现。

RICE 概念：R－休息。I－冷敷。C－加压包扎。E－抬高患肢。

疼痛程度与症状表现如下。

（一）不舒服或微痛，但可以通过准备活动或持续运动克服。

（二）运动中感觉微痛，准备活动或运动不能减轻症状，24 小时之内恢复。

（三）运动中和运动后轻微或中等程度疼痛，48 小时内存在。

（四）运动中、运动后持续感觉轻微或中等程度疼痛，专门准备活动不起作用。

（五）中等程度或强烈疼痛，影响使用技术。

预防伤害建议运动员要正确地在训练前及训练后进行适度的热身，训练前热身 30 分钟左右，训练后 20 分钟左右。训练强度及训练量必须适当，依年龄、体格、技术熟练程度、训练级别、疲劳恢复情况等实施。练习或比赛时保护装备必须齐全，对打时一定要穿着完整的护具上场。每一训练场都应设防护员或医师。训练期必须保持比赛量级之体位，避免青少年及瘦型身材运动员减体重。

思考题：

1. 跆拳道运动员最容易受伤的部位有哪些？
2. 为什么说膝关节是较容易发生损伤的关节？
3. 如何正确理解急性损伤“RICE”的概念？
4. 脑震荡有什么症状表现？
5. 常见的关节脱位应如何处理？

第六章 跆拳道品势

跆拳道品势又称型，是以技击为主要内容，遵循攻守进退的原理，将一定数量的动作编排起来，形成固定模式的套路。通过练习，可使身体各部位得到较为全面的发展，并能有效地增强体质。

跆拳道的品势有许多种，基本品势有太极、高丽、金刚等。太极共包括八章，是初学者应掌握的基本品势。朝鲜民族对于太极的理解包括五大精神，即和平的象征，豁达的精神，创造的精神，光明的精神，无穷的精神与涵养。太极品势是以宇宙哲学观为根本原理，运用太极阴阳学说而组成的动作套路，演练时的路线遵循八卦图的规律进行。所以，无论进攻与防守，前进与后退，急速与缓慢，刚健与柔软的变化都是运用了太极宇宙观的基本原理。

第一节 太极一章

太极一章是品势练习中最基本的套路，象征八卦中的“乾”，“乾”寓示着万物根源的开始，同时又有阳刚之意，共由 18 个动作组成，演武线就像一个“王”字（图 6－1）。

准备姿势：站于 A 方向位置（见太极一章演武线图，以下文中字母，均参见相应的演武线图），两脚与肩同宽，自然站立，两手握拳屈臂于腹前约 10 厘米处，两拳间的距离大约也为10厘米，拳心向内，眼睛平视前方（图6－2）。

动作1：转身左下格挡。左转身体，左脚转向B方向（简称向B，以下同）成左前探步，左臂下截（防左下段），右拳回收腰侧（图6－3）。

动作2：上步右冲拳。右脚向B迈进一步成右前探步，右拳前冲拳（攻中段），左拳回收腰侧（图6－4）。

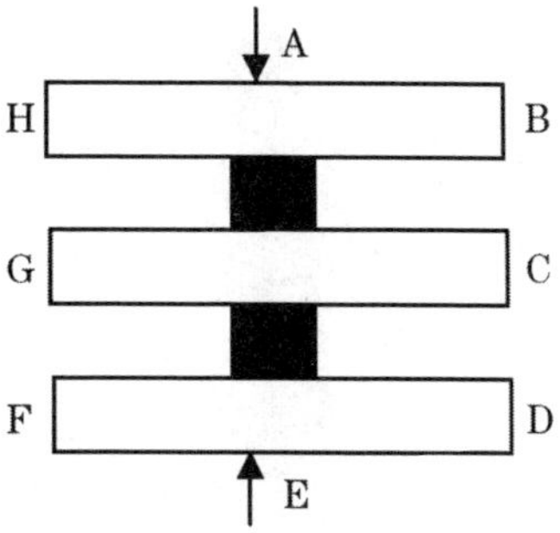

图6－1　太极一章演武线

动作3：转身右下格挡。身体右转180°，右脚向H迈进一步成右前探步，右臂下截（防右下段）（图6－5）。

动作4：上步左冲拳。左脚向H迈进一步成左前探步，左拳前冲拳（攻中段），右拳回收腰侧（图6－6）。

动作5：左弓步下格挡。身体左转90°，左脚向E迈进成左弓步，左拳屈肘下截（防左下段），右拳回收腰侧（图6－7）。

图6－2

图6－3

图6－4

图6－5

图6－6

图6－7

动作6：左弓步右冲拳。两脚不动，右拳前冲拳（攻中段），左拳回收腰侧（图6－8）。

动作7：上步左中格挡。左脚不动，右脚向G移步成右前探步，身体右转，左臂内格挡，拳心向上，右拳回收腰侧（图6－9）。

动作8：上步右冲拳。左脚向G迈进一步成左前探步，右拳前冲拳（攻中段），左拳回收腰侧（图6－10）。

图6－8

图6－9

图6－10

动作9：转身右中格挡。身体向C转180°，左脚向C迈进一步成左前探步，右臂屈肘向内格挡（图6－11）。

动作10：上步左冲拳。右脚向C迈进成右前探步，左拳前冲拳（攻中段），右拳回收腰侧（图6－12）。

动作11：右弓步右下格挡。以左脚为轴，身体右转，右脚向E移步成右弓步，右臂屈肘上抬至左肩，然后向下截拳（防右下段），左拳回收腰侧（图6－13）。

图6－11

图6－12

图6－13

动作12：右弓步左冲拳。两脚不动，左拳前冲拳（攻中段），右拳回收腰侧（图6－14）。

动作13：上步左上格挡。身体左转，左脚向D移步成左前探步，左臂屈肘上架（上段），置于额前，拳心朝外（图6－15）。

图6－14

图6－15

动作 14：右前踢右冲拳。右脚前踢，两臂下截，置于体侧（图 6－16①）。右腿下落成右前探步，右拳前冲拳（攻中段），左拳回收腰侧（图 6－16②）

图 6－16①

图 6－16②

动作 15：转身右上格挡。以左脚为轴，身体右后转，右脚向 F 移步成右前探步，右臂屈肘上架（防右上段），置于额前，拳心朝外（图 6－17）。

动作 16：左前踢左冲拳。左脚前踢，两臂下截，置于体侧（图 6－18①）。左腿下落成左前探步，左拳前冲拳（攻中段），右拳回收腰侧（图 6－18②）。

图 6－17

图 6－18①

图 6－18②

动作 17：上步左下格挡。以右脚为轴，身体右转，左脚向 A 移步成左弓步，左臂屈肘上抬至右肩，然后向下截拳（防左下段），右拳回收腰侧（图 6－19）。

动作 18：上步右冲拳。右脚向 A 迈进一步成右弓步，右拳前冲拳（攻中段）并发声，左拳回收腰侧（图 6－20）。

收势：以右脚为轴，身体左后转，左脚向后撤与右脚平行，两手握拳屈臂于腹前成准备姿势（图 6－21）。

图 6－19

图 6－20

图 6－21

第二节　太极二章

太极二章的意思是八卦中的“兑”，“兑”在八卦中“为泽，为少女”，因此有内刚外柔之意，故而太极二章的动作形态表面虽然温柔，但实际上却是刚强地攻击，以攻击下段、中段以及前踢、防上段等动作交互使用，太极二章共由 18 个动作组成，其演武线见图 6－22。

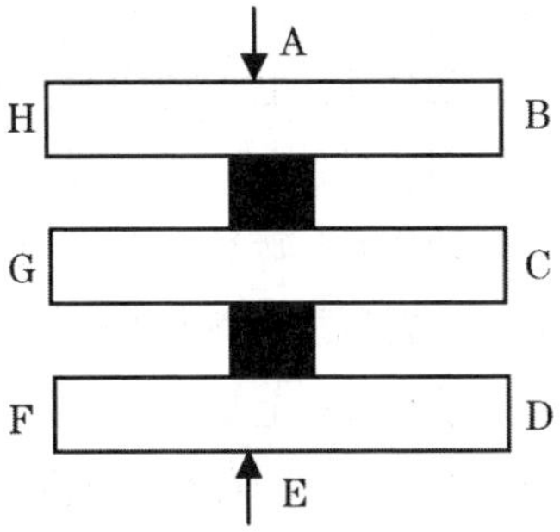

图 6－22　太极二章演武线

准备姿势：与太极一章相同（图6－23）。

动作1：转身左下格挡。左转身体向B成左前探步，左臂下截（防左下段），右拳回收腰侧（图6－24）。

动作2：上步右冲拳。右脚向B迈进成右弓步，右拳前冲拳（攻中段），左拳回收腰侧（图6－25）。

图6－23

图6－24

图6－25

动作3：转身右下格挡。以左脚为轴，身体右后转，同时右脚向H移步成右前探步，右臂屈肘上抬至左肩，然后向下截拳（防右下段），左拳回收腰侧（图6－26）。

动作4：上步左冲拳。左脚向H迈进成右弓步，同时左拳前冲拳（攻中段），右拳回收腰侧（图6－27）。

动作5：转身右中格挡。以右脚为轴，身体左转，同时左脚向E移步成左前探步，右臂屈肘向里格挡（防中段），左拳回收腰侧（图6－28）。

动作6：上步左中格挡。右脚向E迈进一步成右前探步，同时左臂屈肘向里格挡（防中段），右拳回收腰侧（图6－29）。

动作7：转身左下格挡。身体左转，左脚向C移步成左前探步，左臂向下截拳（图6－30）。

图 6－26

图 6－27

图 6－28

图 6－29

图 6－30

动作 8：右前踢右冲拳。右脚前踢，两臂下截，置于体侧（图 6－31①）。右腿下落成右弓步，右拳前冲拳（攻上段），左拳回收腰侧（图 6－31②）。

动作 9：转身右下格挡。以左脚为轴，身体右后转，右脚向 G 移步成右前探步，右臂向下截拳（防右下段），左拳回收腰侧（图 6－32）。

图6－31①

图6－31②

图6－32

动作10：左前踢左冲拳。左脚前踢，两臂下截，置于体侧（图6－33①）。左腿下落成左弓步，左拳前冲拳（攻上段），右拳回收腰侧（图6－33②）。

动作11：转身左上格挡。以右脚为轴，身体左转90°，左脚向E移步成左前探步，左臂屈肘上架（防左上段），左拳置于额前，拳心朝外，右拳回收腰侧（图6－34）。

图6－33①

图6－33②

图6－34

动作12：上步右上格挡。右脚向E迈进一步成右前探步，同时右臂屈肘上架（防右上段），右拳置于额前，拳心朝外。左拳回收腰侧（图6－35）。

动作13：转身右中格挡。以右脚为轴，身体左后转270°，左脚向F移步成左前探步，右臂屈肘向里格挡（防中段）（图 6－36）。

动作 14：转身左中格挡。以左脚为轴，身体右后转，右脚向 D 移步成右前探步，左臂屈肘向里格挡（防中段）（图 6－37）。

图 6－35

图 6－36

图 6－37

动作 15：转身左下格挡。身体左转，左脚向 A 移步成左前探步，左臂向下截拳（图 6－38）。

动作 16：右前踢右冲拳。右脚前踢，两臂下截，置于体侧（图 6－39①）。右腿下落成右前探步，右拳前冲拳（攻中段），左拳回收腰侧（图 6－39②）。

图 6－38

图 6－39①

图 6－39②

动作 17：左前踢左冲拳。左脚前踢，两臂下截，置于体侧（图 6 – 40①）。左腿下落成左前探步，左拳前冲拳（攻中段），右拳回收腰侧（图 6 – 40②）。

图 6 – 40①

图 6 – 40②

动作 18：右前踢右冲拳。右脚前踢，两臂下截，置于体侧（图 6 – 41①）。右腿下落成右前探步，右拳前冲拳（攻中段）并发声，左拳回收腰侧（图 6 – 41②）。

收势：与太极一章相同（图 6 – 42）。

图 6 – 41①

图 6 – 41②

图 6 – 42

第三节　太极三章

太极三章的意思是八卦中的“离”。“离”象征着水，具有热烈而明亮的含义。因此，太极三章含有充满活力的动作，主要由下段攻击、正面攻击、前踢以及手刀等动作构成。这种动作形态是以移动重心为主。同时手脚以及上身的运动顺序交叉进行，可以培养主动攻击与身体灵活性。太极三章共由 20 个动作组成，其演武线见图 6－43。

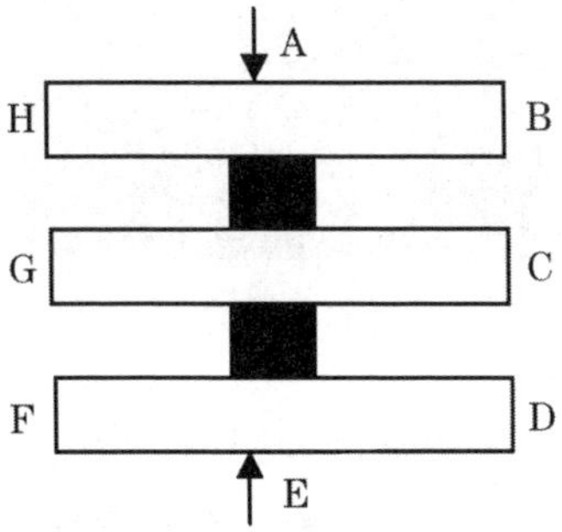

图 6－43　太极三章演武线

准备姿势：与太极一章相同（图 6－44）。

动作 1：转身左下格挡。左转身体向 B 成左前探步，左臂下截（防左下段），右拳置于腰侧（图 6－45）。

图 6－44

图 6－45

动作 2：右前踢左右冲拳。上提重心，左脚跟稍提，右脚前踢，两臂下截，置于体侧（图 6－46①）。右腿下落成右弓步，同时右拳前冲拳（攻中段）（图 6－46②）。

左拳前冲拳（攻中段），形成连续攻击，右拳回收腰侧（图 6 -46③）。

图 6 -46①

图 6 -46②

图 6 -46③

动作 3：转身右下格挡。以左脚为轴，两臂下截，置于体侧，身体右后转，同时右脚向 H 移步成右前探步，右臂向下截拳（防右下段），左拳回收腰侧（图 6 -47）。

动作 4：左前踢左右冲拳。左脚前踢，两臂下截，置于体侧（图 6 -48①）。左腿下落成左弓步，同时左拳前冲拳（攻中段）（图 6 -48②）。右拳前冲拳（攻中段），形成连续攻击（图 6 -48③）。

图 6 -47

图 6 -48①

图 6－48②

图 6－48③

动作 5：转身右砍掌。以右脚为轴，身体左转，同时左脚向 E 移步成左前探步，右拳变手刀，由外向里横砍，攻击对方颈部，左拳回收腰侧（图 6－49）。

动作 6：上步左砍掌。右脚向 E 迈进一步成右前探步，左拳变手刀，由外向内横砍，攻击对方颈部，右拳回收腰侧（图 6－50）。

动作 7：上步左截击。身体左转，左脚向 C 移步成左后弓步，左手刀由内向外横截，右拳回收腰侧（图 6－51）。

图 6－49

图 6－50

图 6－51

动作 8：弓步右冲拳。左脚向 C 迈近成左弓步，右拳前冲（攻中段），左手刀变拳回收腰侧（图 6－52）。

动作9：转身右截击。以左脚为轴，身体右后转向G成右后弓步，同时右脚稍后撤，右拳变手刀由内向外横截（图6－53）。

图6－52

图6－53

动作10：弓步左冲拳。右脚向G迈进半步成右弓步，左拳前冲拳（攻中段），右手刀变拳回收腰侧（图6－54）。

动作11：转身右中格挡。以右脚为轴，身体左转，左脚向E移步成左前探步，右臂屈肘向内横格挡（防中段），左拳回收腰侧（图6－55）。

图6－54

图6－55

动作12：上步左中格挡。右脚向E迈进一步成右前探步，左臂屈肘向内横格挡（防中段），右拳回收腰侧（图6－56）。

动作13：转身左下格挡。以右脚为轴，身体左后转，左脚向F移步成左前探步，左拳截向左下方（防左下段），拳面朝下，右拳回收腰侧（图6－57）。

图6－56

图6－57

动作14：右前踢左右冲拳。右脚前踢，两臂下截，置于体侧（图6－58①）。右腿下落成右弓步，右拳前冲拳（攻中段），左拳回收腰侧（图6－58②）。然后左拳前冲拳（攻中段）形成连续攻击（图6－58③）。

图6－58①

图6－58②

动作15：转身右下格挡。以左脚为轴，身体右转180°，右脚向D移步成右前探步，右拳下截（防右下段），左拳回收腰侧（图6－59）。

动作16：左前踢左右冲拳。左脚前踢，两臂下截，置于体侧（图6－60①）。

左腿下落成左弓步，左拳前冲拳（攻中段），右拳回收腰侧（图 6－60②）。右拳前冲拳（攻中段），左拳回收腰侧（图 6－60③）。

图 6－58③

图 6－59

图 6－60①

图 6－60②

图 6－60③

动作 17：转身左下格挡右冲拳。以右脚为轴，身体左转，左脚向 A 移步成左前探步，左拳下截（防左下段），右拳回收腰侧（图 6－61①）。两脚不动，右拳前冲拳（攻中段），左拳回收腰侧（图 6－61②）。

图 6-61①

图 6-61②

动作 18：右下格挡左冲拳。右脚向 A 迈进一步成右前探步，右拳下截（防右下段），左拳回收腰侧（图 6-62①）。左拳前冲拳（攻中段），右拳回收腰侧（图 6-62②）。

图 6-62①

图 6-62②

动作 19：左前踢右冲拳。左脚前踢，两臂下截，置于体侧（图 6-63①）。左腿下落成左前探步，左拳下截（防左下段），右拳回收腰侧（图 6-63②）。右拳前冲拳（攻中段），左拳回收腰侧（图 6-63③）。

图 6－63①

图 6－63②

图 6－63③

动作 20：右前踢左冲拳。右脚前踢，两臂下截，置于体侧（图 6－64①）。右腿下落成右前探步，右拳下截（防右下段），左拳回收腰侧（图 6－64②）。左拳前冲拳（攻中段）并发声，右拳回收腰侧（图 6－64③）。

图 6－64①

图 6－64②

收势：与太极一章相同（图 6－65）。

图 6－64③

图 6－65

第四节　太极四章

太极四章是以八卦中的“震”为代表，具有警惕性和权威性，并表现出虔诚的态度。这种形态套路中包括按手刀、攻手刀、贯手、中段外防与侧踢等技术。中段外防是难度较大的动作，必须经常练习才能掌握。太极四章共由 20 个动作组成，其演武线见图 6－66。

准备姿势：与太极一章相同（图 6－67）。

动作 1：转身左横截。左转身体，左脚迈向 B 成右后弓步，两拳变手刀，左手刀向左侧横截，手心向下，与肩齐（防左中段），右手刀置于胸前，手心向上（图 6－68）。

动作 2：上步右插掌。右脚向 B 迈进成右弓步，左臂屈肘左手下按（防对方前踢），右手刀成贯手向前插击，指尖朝前（图 6－69）。

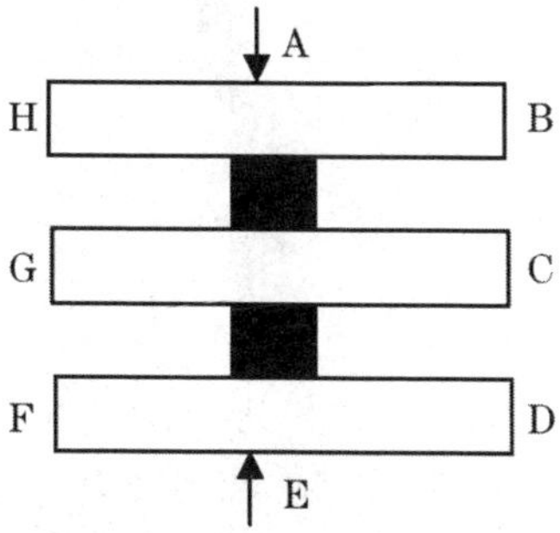

图 6－66　太极四章演武线

图6－67

图6－68

图6－69

动作3：转身右横截。以左脚为轴，身体右后转，同时右脚向H移步成左后弓步，右手刀向外横截，手心向下，高与肩齐，左手刀置于胸前，手心向上（图6－70）。

动作4：上步左插掌。左脚向H迈进成左弓步，右臂屈肘右手下按（防对方前踢），左手刀成贯手向前插击，指尖朝前（图6－71）。

动作5：弓步上架右砍掌。以右脚为轴，身体左转，同时左脚向E移步成左弓步，左臂屈肘上架，置于额前，右手刀向内横砍，手心向上（攻击对方颈部）（图6－72）。

图6－70

图6－71

图6－72

动作6：右前踢左冲拳。右脚前踢，两臂下截，置于体侧（图6－73①）。右腿下落成右弓步，左拳前冲拳（攻中段），右拳回收腰侧（图6－73②）。

图6－73①

图6－73②

动作7：转身左侧踢。以右脚为轴，身体右转并侧倾，同时左腿向E侧踢，两臂置于体侧（图6－74）。

动作8：转身右侧踢右横截。左脚落下，以左脚为轴，身体左转并侧倾，同时右腿向E侧踢（图6－75①）。右脚落下成左后弓步，两拳变手刀，右手刀向外横截（攻中段），高与肩齐，左手刀置于胸前，手心向上（图6－75②）。

图6－74

图6－75①

图6－75②

动作9：转身横截。以右脚为轴，身体左后转，同时左脚向F移步成右后弓步，左手刀变拳向外横截（防中段），拳心向下，右手刀变拳回收腰侧（图6－76）。

动作10：右前踢右格挡。右脚前踢（图6－77①），然后下落还原成右后弓步，右臂屈肘向内横格（防中段），拳心向上，左拳回收腰侧（图6－77②）。

图6－76

图6－77①

图6－77②

动作11：转身右横截。身体右后转，同时右脚外转移向D成左后弓步，重心落在左脚，右臂屈肘向外横截，拳心向下（防右中段）（图6－78）。

动作12：左前踢左格挡。左脚前踢（图6－79①），左脚下落还原成左后弓步，左臂屈肘向内横格（防中段），拳心向上，右拳回收腰侧（图6－79②）。

图6－78

图6－79①

图6－79②

动作13：弓步上架右砍掌。以右脚为轴，身体左转，左脚向A移步成左弓步，两拳变手刀，左手架于额前，右手刀向内横砍，手心向上（攻击对方颈部）（图6－80）。

动作14：右前踢右砸拳。右脚前踢，两手刀变拳，置于体侧（图6－81①）。右脚下落成右弓步，右拳由内向外砸拳（攻上段），拳心向上，左拳回收腰侧（图6－81②）。

图6－80

图6－81①

图6－81②

动作15：转身左格挡。以右脚为轴，身体左转，左脚向G移步成左前探步，左拳向里横格（防中段），右拳回收腰侧（图6－82）。

动作16：右冲拳。两脚不动，右拳前冲拳（攻中段），左拳回收腰侧（图6－83）。

图6－82

图6－83

动作17：转身右格挡。身体右后转，面向C方向成右前探步，右拳向里横格（防中段），拳心向上（图6－84）。

动作18：左冲拳。两脚不动，左拳前冲拳（攻中段），右拳回收腰侧（图6－85）。

图6－84

图6－85

动作19：左格挡左右冲拳。以右脚为轴，身体左转，左脚向A移步成左弓步，左臂屈肘向内横格（防中段），拳心向上（图6－86①）。两脚不动，右拳前冲拳（攻中段），左拳回收腰侧（图6－86②）。然后左拳前冲拳（攻中段），右拳回收腰侧（图6－86③）。

图6－86①

图6－86②

图6－86③

动作 20：右格挡左右冲拳。右脚向 A 移步成右弓步，右臂屈肘向内横格（防中段），拳心向上，左拳回收腰侧（图 6 - 87①）。两脚不动，左拳前冲拳（攻中段），右拳回收腰侧（图 6 - 87②）。然后右拳前冲拳（攻中段），左拳回收腰侧（图 6 - 87③）。

图 6 - 87①

图 6 - 87②

图 6 - 87③

收势：与太极一章相同（图 6 - 88）。

图 6 - 88

第五节　太极五章

太极五章的演武线形似八卦中的“巽”。“巽”为木为风，而风又分为微风与强风，微风代表清静，强风代表威势，太极五章所反映的正是这种形态，开始时单调和安静，而到下半段时才演变为强劲有力，其中锤拳及肘击的特技是特别硬朗强烈的。太极五章共由 20 个动作组成。其演武线见图 6－89。

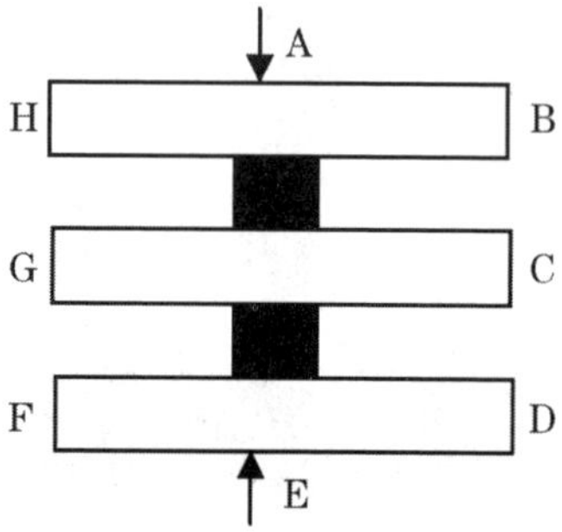

图 6－89　太极五章演武线

准备姿势：与太极一章相同（图 6－90）。

动作 1：转身左下格挡。左转身体，左脚迈向 B 成左弓步，左拳下截（防左下段），右拳回收腰侧（图 6－91）。

动作 2：立步劈拳。向 B 方向，左脚回收形成左站势，同时左手下锤拳由内向外呈圆弧摆动，拳的高度与眼部同高，左右脚内侧形成 90°（图 6－92）。

图 6－90

图 6－91

图 6－92

动作3：转身右下格挡。身体右转，同时右脚向 H 移步成右弓步，右拳下截（防右下段），左拳回收腰侧（图 6－93）。

动作4：立步劈拳。向 H 方向，右脚回收形成右站势，同时右手下锤拳由内向外呈圆弧摆动，拳的高度与眼部同高，左右脚内侧形成 90°（图 6－94）。

图 6－93

图 6－94

动作5：左右中格挡。右脚不动，左脚向 E 移步成左弓步，左拳由外向内横格（防中段）拳心向上，右拳回收腰侧（图 6－95①）。再用右拳由外向内横格（防中段），拳心向上，左拳回收腰侧（图 6－95②）。

图 6－95①

图 6－95②

动作6：右前踢右砸拳左中格挡。右脚前踢，两臂置于体侧（图6－96①）。右腿下落成右弓步，右拳由内向外格挡（防中段），拳心向上（图6－96②），然后左拳由外向内横格（防中段），拳心向上，右拳回收腰侧（图6－96③）。

图6－96①

图6－96②

图6－96③

动作7：左前踢左砸拳右中格挡。左脚前踢，两臂置于体侧（图6－97①）。左腿下落成左弓步，左拳由内向外格挡（图6－97②），然后右拳由外向内横格（防中段），拳心向上，左拳回收腰侧（图6－97③）。

图6－97①

图6－97②

图6－97③

动作8：弓步右砸拳。右脚向 E 移步成右弓步，右拳由内向外格挡（攻上段），左拳回收腰侧（图6－98）。

动作9：转身左外截。以右脚为轴，身体左后转，同时左脚向F移步成左后弓步，左拳变手刀向外横截（攻中段），右拳回收腰侧（图6－99）。

动作10：右弓步顶肘。右脚向F移步成右弓步，右臂屈肘用肘尖由外向内横击，左手顶于右拳面（图6－100）。

图6－98

图6－99

图6－100

动作11：转身右外截。以左脚为轴，身体右后转，右脚向D移步成右后弓步，右拳变手刀向外横截（攻中段），左拳回收腰侧（图6－101）。

动作12：左弓步顶肘。左脚向D移步成左弓步，左臂屈肘用肘尖由外向内横击，右手顶于左拳面（图6－102）。

图6－101

图6－102

动作13：转身下截格挡。以右脚为轴，身体左转，左脚向 A 移步成左弓步，左拳下截，右拳回收腰侧（图 6－103①）。再用右拳由外向内横格，拳心向上，左拳回收腰侧（图 6－103②）。

图 6－103①

图 6－103②

动作14：右前踢下截格挡。右脚前踢，两拳置于体侧（图 6－104①）。右脚下落成右弓步，右拳下截，左拳回收腰侧（图 6－104②）。再用左拳由外向内横格，拳心向上，右拳回收腰侧（图 6－104③）。

图 6－104①

图 6－104②

图 6－104③

动作15：转身左上格挡。以右脚为轴，身体左转，左脚向 G 移步成左弓步，左臂屈肘置于额前（防上段）（图 6－105）。

动作16：右侧踢左贯肘。身体左转右腿侧踢，同时右拳侧击拳心向下（图6－106①），右脚下落成右弓步，左臂屈肘用肘尖由外向内横击，右手顶于左肘部（图6－106②）。

图6－105

图6－106①

动作17：转身右上格挡。以左脚为轴，身体右后转，右脚向C移步成右弓步，右臂屈肘上架，置于额前（防上段），左拳回收腰侧（图6－107）。

动作18：左侧踢右贯肘。身体右转左腿侧踢，同时左拳侧击拳心向下（图6－108①），左脚下落成左弓步，右臂屈肘用肘尖由外向内横击，左手顶于右肘部（图6－108②）。

图6－106②

图6－107

图6－108①

图6－108②

动作19：下截格挡。以右脚为轴，身体右转，左脚向A移步成左弓步，左拳下截，右拳回收腰侧（图6－109①）。再用右拳由外向内横格（防中段），拳心向上，左拳回收腰侧（图6－109②）。

图6－109①

图6－109②

动作20：右前踢叉步砸拳。右脚前踢，两拳置于体侧（图6－110①）。右脚下落，左脚向右脚后侧上步，脚尖落地，成交叉步；右拳由内向外砸拳（攻上段），左拳回收腰侧（图6－110②）。

收势：身体左转，还原成准备姿势（图6－111）。

图 6－110①

图 6－110②

图 6－111

第六节　太极六章

太极六章象征八卦中的“坎”。“坎”代表似水般的柔软，川流不息、连绵不断、柔和自然、超越险阻以及一泻千里之意。流水般的特性就是不论前方障碍重重必须做到意志坚定不退缩。太极六章共由 23 个动作组成，其演武线见图 6－112。

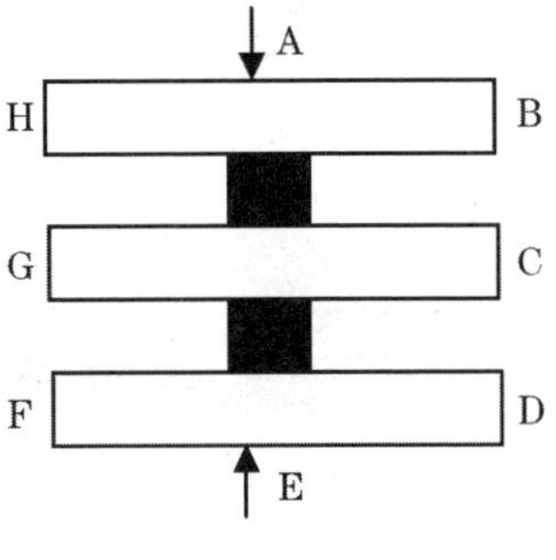

图 6－112　太极六章演武线

准备姿势：与太极一章相同（图 6－113）。

动作 1：转身左下格挡。左转身体，左脚迈向 B 成左弓步，左拳下截（防左下段），右拳回收腰侧（图 6－114）。

图 6－113

图 6－114

动作 2：右前踢左中格挡。右脚前踢，两拳置于体侧（图 6－115①）。右脚向后落步，左脚稍后撤成右后弓步，左拳由内向外横格（防中段），拳心向上，右拳回收腰侧（图 6－115②）。

图 6－115①

图 6－115②

动作 3：转身右下格挡。以左脚为轴，身体右转，右脚向 H 移步成右弓步，右拳下截（防右下段），左拳回收腰侧（图 6－116）。

动作 4：左前踢右中格挡。左脚前踢，两拳置于体侧（图 6－117①）。左脚向后落步，右脚稍后撤成左后弓步，右拳由内向外横格（防中段），拳心向上，左拳回收腰侧（图 6－117②）。

图 6－116

图 6－117①

图 6－117②

动作5：转身外截。左转身体，左脚迈向 E 成左弓步，右拳变手刀向外横截（攻上段），掌心向下，左拳回收腰侧（图 6－118）。

动作6：右横踢。右脚横踢，两臂置于体侧（图 6－119）。

图 6－118

图 6－119

动作7：左外截右冲拳。右脚横踢后下落至左脚后侧，左脚迈向 C 成左弓步，左臂屈肘外截（防中段），拳心向下，右拳回收腰侧（图 6－120①）。两脚不动，右拳前冲拳（攻中段），左拳回收腰侧（图 6－120②）。

图 6 – 120①

图 6 – 120②

动作 8：右前踢左冲拳。右脚前踢，两拳置于体侧（图 6 – 121①）。右脚向前落步成右弓步，左拳前冲拳（攻中段），右拳回收腰侧（图 6 – 121②）。

图 6 – 121①

图 6 – 121②

动作 9：转身右外截左冲拳。以左脚为轴，身体右后转，同时右脚向 G 移步右弓步，右拳外截（防中段），拳心向下，左拳回收腰侧（图 6 – 122①）。再用左拳前冲拳（攻中段），右拳回收腰侧（图 6 – 122②）。

图 6－122①

图 6－122②

动作 10：左前踢右冲拳。左脚前踢，两拳置于体侧（图 6－123①）。左脚向前落步成左弓步，右拳前冲拳（攻中段），左拳回收腰侧（图 6－123②）。

图 6－123①

图 6－123②

动作 11：转身上架下截。以右脚为轴，身体左转向 E，左脚向左移步成平行步，两臂由下向上交叉架于额前，右臂在内呈十字动作（防上段）（图 6－124①）。然后两拳由上向下截拳，置于体侧（图 6－124②）。

图 6－124①

图 6－124②

动作 12：右弓步横截。左脚不动，右脚向 E 移步成右弓步，左拳变手刀向外横截（攻上段），掌心向下，右拳回收腰侧（图 6－125）。

动作 13：左横踢。左脚横踢，两臂置于体侧，同时发声（图 6－126）。

动作 14：转身右下截。左脚横踢后下落至右脚侧，右转身体，右脚迈向 D 成右弓步，右拳下截（防下段），左拳回收腰侧（图 6－127）。

图 6－125

图 6－126

图 6－127

动作 15：左前踢右外截。左脚前踢，两拳置于体侧（图 6－128①）。左脚向后落步成左后弓步，右拳向外横截（防中段），拳心向下，左拳回收腰侧（图 6－128②）。

图 6－128①

图 6－128②

动作 16：转身左下截。以右脚为轴，身体左转，同时左脚向 F 移步成左弓步，左拳下截（防下段），右拳回收腰侧（图 6－129）。

动作 17：右前踢左外截。右脚前踢，两拳置于体侧（图 6－130①）。右脚向后落步成右后弓步，左拳向外横截（防中段），右拳回收腰侧（图 6－130②）。

图 6－129

图 6－130①

图 6－130②

动作 18：转身外截。以左脚为轴，身体左转，右脚向 A 移步（面向 E）成右后弓步，左拳变手刀向外横截（攻中段），右拳变手刀置于胸前，掌心向上（图 6－131）。

动作 19：退步外截。左脚向 A 退步，成左后弓步，右手刀向外横截（攻中段），左手刀置于胸前，掌心向上（图6－132）。

动作20：退步按掌。右脚向A退步成左弓步，左手刀旋臂下按于腹前，掌心向下，右手刀变拳回收腰侧（图6－133）。

图6－131

图6－132

图6－133

动作21：弓步右冲拳。两脚不动，右拳前冲拳（攻中段），左手刀变拳回收腰侧（图6－134）。

动作22：退步按掌。左脚向A退步成右弓步，右拳变手刀旋臂下按于腹前，掌心向下，左拳回收腰侧（图6－135）。

图6－134

图6－135

动作23：弓步左冲拳。两脚不动，左拳前冲拳（攻中段），右拳回收腰侧（图6－136）。

收势：右脚回收还原成准备姿势（图6－137）。

图6－136

图6－137

第七节　太极七章

太极七章以八卦中的“艮”为代表，“艮”象征山，山具有坚硬、刚毅、厚重之意，演练时内心保持宁静稳定，不为外物所动。同时又要控制好每一势动作的力度，说动则动，当静则静，动静相宜。太极七章共由25个动作组成，其演武线见图6－138。

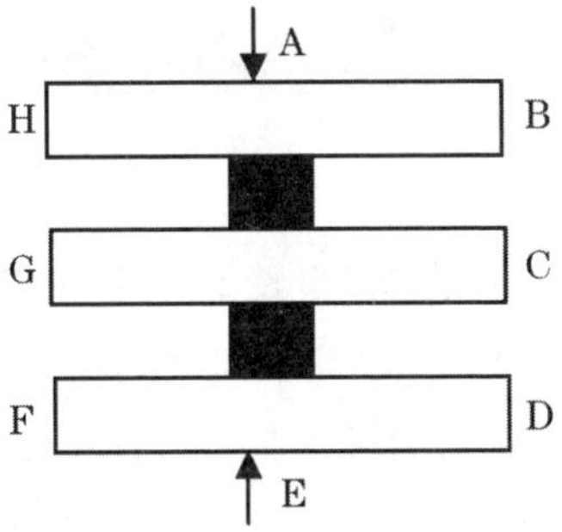

图6－138　太极七章演武线

准备姿势：与太极一章相同（图6－139）。

动作1：转身右掌截击。左转身体向B成左虚步（重心在右腿，左脚尖着地），右拳变掌向内侧截击，左拳回收腰侧（图6－140）。

图6－139

图6－140

动作2：右前踢左外截。右脚前踢，两掌变拳置于体侧（图6－141①）。右脚向后落步成左虚步，左臂内截（防中段），右拳回收腰侧（图6－141②）。

图6－141①

图6－141②

动作3：转身左掌截击。右转身体向H成右虚步（重心在左腿，右脚尖着地），左拳变掌向内侧截击，右拳回收腰侧（图6－142）。

动作4：左前踢右外截。左脚前踢，两掌变拳置于体侧（图6－143①）。左脚向后落步成右虚步，右臂内截（防中段），左拳回收腰侧（图6－143②）。

图6－142

图6－143①

图6－143②

动作5：转身左下截。左转身体，左脚迈向E成右后弓步，两拳变手刀，左手刀向下砍截（防下段），掌心向下，右手刀屈肘置于胸前，掌心向上（图6－144）。

动作6：上步右下截。右脚向E移步成左后弓步，右手刀向下砍截（防下段），掌心向下，左手刀屈肘置于胸前，掌心向上（图6－145）。

图6－144

图6－145

动作7：进步右拍掌。以右脚为轴，左脚向C迈进成左虚步，右掌向下拍击，掌心向下，左拳置于右臂下，拳心向下（图6－146）。

动作8：虚步上背拳。两脚不动，右掌变拳由内向外用拳背攻击（攻上段）

（图 6－147）。

图 6－146

图 6－147

动作 9：转身左拍掌。以左脚为轴，身体右后转，面向 G 成右虚步，左拳变掌向下拍击，右拳置于左臂下，拳心向下（图 6－148）。

动作 10：虚步上背拳。两脚不动，左掌变拳由内向外用拳背攻击（攻上段）（图 6－149）。

动作 11：并步抱拳。右脚不动，左脚向右脚并拢，身体直立向 E，右手握拳屈肘置于胸前，左拳变掌按于右拳面（图 6－150）。

图 6－148

图 6－149

图 6－150

动作12：弓步上格下截。左脚向E迈进成左弓步，左掌变拳上格，拳心向内，右拳下截（防下段）（图6－151①）。两脚不动，右拳上格，拳心向内，左拳下截（防下段）（图6－151②）。

图6－151①

图6－151②

动作13：上步上格下截。右脚向E迈进成右弓步，右拳上格，拳心向内，左拳下截（防下段）（图6－152①）。两脚不动，左拳上格，拳心向内，右拳下截（防下段）（图6－152②）。

图6－152①

图6－152②

动作14：转身弓步双外截。以右脚为轴，身体左后转，同时左脚向F移步成左弓步，双拳由下向前上拳击对方（攻中段）（图6－153）。

动作15：顶膝叉步双外截。右腿屈膝向前上方顶击，两拳变掌下压，掌心向下（图6－154①）。右脚向前落步，左脚上步落于右脚后面，脚尖着地成交叉步，双拳由下向前上拳击对方（攻中段），拳心向上（图6－154②）。

图6－153

图6－154①

图6－154②

动作16：右弓步下截。左脚向D退一步成右弓步，双臂交叉成十字形向下截拳（防下段），左臂在上，双拳的拳心向外（图6－155）。

动作17：转身弓步双外截。以左脚为轴，身体右后转，同时右脚向D移步成右弓步，双拳由下向前上拳击对方（攻中段）（图6－156）。

图6－155

图6－156

动作 18：顶膝叉步双冲拳。左腿屈膝向前上方顶击，两拳变掌下压，掌心向下（图 6－157①）。左脚向前落步，右脚上步落于左脚后面，脚尖着地成交叉步，双拳向前拳击对方（攻中段），拳心向上（图 6－157②）。

图 6－157①

图 6－157②

动作 19：左弓步下截。右脚向 F 退一步成左弓步，双臂交叉成十字形向下截拳（防下段），右臂在上，双拳的拳心向外（图 6－158）。

动作 20：转身左外鞭拳。以右脚为轴，身体左转，左脚向 A 移步成左前探步，左拳由内向外横向鞭打（拳眼向上），右拳回收腰侧（图 6－159）。

图 6－158

图 6－159

动作21：右里合腿贯肘。右脚里合腿（用脚掌内侧击打）（图6－160①），落右脚于AE线上成马步，目视A，右臂屈肘，向A横击，左手按于右前臂处（图6－160②）。

图6－160①

图6－160②

动作22：撤步右外鞭拳。左脚不动，右脚略回撤成右前探步，右拳由内向外横向鞭打（拳眼向上），左拳回收腰侧（图6－161）。

动作23：左里合腿贯肘。左脚里合腿（用脚掌内侧击打）（图6－162①），落右脚成马步，目视A，左臂屈肘向A横击，右手按于右前臂处（图6－162②）。

图6－161

图6－162①

图6－162②

动作24：左横截。两脚不动，左拳变手刀向外横截（攻中段），右拳回收腰侧（图6－163）。

动作25：马步冲拳。右脚向A迈进成马步，右拳向右侧平冲拳（同时发声），左拳回收腰侧（图6－164）。

收势：左脚回收还原成准备姿势（图6－165）。

图6－163

图6－164

图6－165

第八节　太极八章

太极八章以八卦中的“坤”为代表，“坤”象征着根源。这一章是作为无段者的最后过程，同时又是有段者的最初阶段，起到承上启下的作用。能够由级晋升到段表示练习者在技术上已达到或具有一定的水平。这种形态是将基本的姿势经过整理后再重新练习一次，重复的动作减少，构成多变的动作。太极八章共由24个动作组成，其演武线见图6－166。

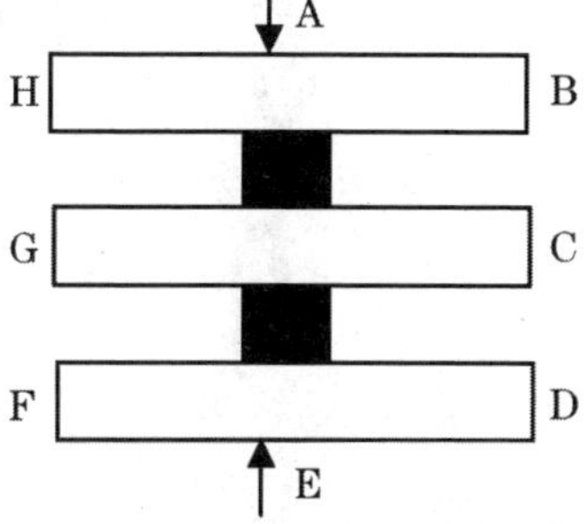

图6－166　太极八章演武线

准备姿势：与太极一章相同（图6－167）。

动作1：左格挡右冲拳。右转身体，左脚向E迈进成右后弓步，左拳外格，右手为拳屈肘置于腹前（图6－168①）。重心前移成左弓步，右拳前冲拳，左拳回收腰侧（图6－168②）。

图6－167

图6－168①

图6－168②

动作2：腾空前踢左右冲拳。右腿前踢，保持提膝动作（图6－169①），左脚蹬地使身体腾空，左腿借势向上前踢（图6－169②）。双腿落地后成左弓步，左臂内截（防中段），右拳回收腰侧（图6－169③）。然后右拳前冲拳（攻中段），左拳回收腰侧（图6－169④）。再以左拳前冲拳（攻中段），右拳回收腰侧（图6－169⑤）。

图6－169①

图6－169②

图6－169③

图 6 - 169④

图 6 - 169⑤

动作 3：上步右冲拳。右脚向前迈进成右弓步，出右拳前冲拳（攻中段）（图 6 - 170）。

动作 4：转身上格下截。以右脚为轴，身体左后转，左脚迈向 F 成右弓步，左臂下截（防下段），右臂屈肘上格（防上段）（图 6 - 171）。

动作 5：转身右勾拳。左转身体，面向 F 成左弓步，收左拳于右肩前，出右拳向上勾拳（攻上段），左拳收于右胸前（图 6 - 172）。

图 6 - 170

图 6 - 171

图 6 - 172

动作 6：叉步上格下截。左脚向 D 移步和右脚成交叉步，双臂向体侧格挡，拳心向上（图 6 - 173①）。右脚向 D 撤步成左弓步，左臂屈肘上格（防上段），右臂下截（防下段）（图6－173②）。

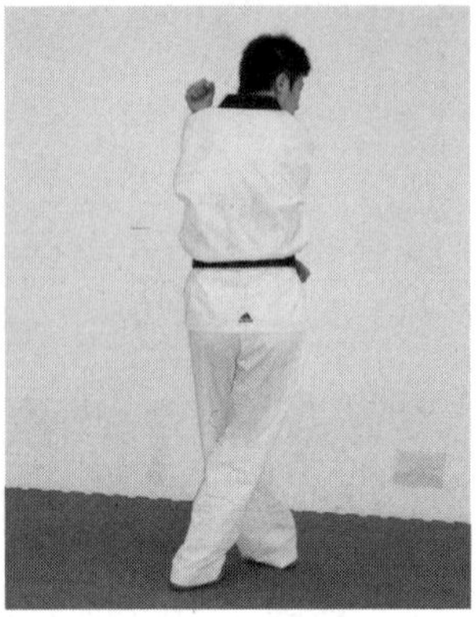

图6－173①

图6－173②

动作7：转身上步左勾拳。右转身体，面向D成右弓步，左拳向上勾拳（攻上段），右拳收于左胸前（图6－174）。

动作8：转身外截。以左脚为轴，身体左转270°，同时右脚向A退步成右后弓步，左拳变手刀向外横截，右拳变手刀置于胸前（图6－175）。

动作9：上步冲拳。右脚不动，左脚稍向E进步成左弓步，右手刀变拳向前平冲（攻中段），左手刀变拳回收腰侧（图6－176）。

图6－174

图6－175

图6－176

动作10：前踢虚步下截。右脚前踢后落回原处（图6－177①），左脚向A退步成右虚步，右掌下截，左拳回收腰侧（图6－177②）。

图6－177①

图6－177②

动作11：虚步外截。右脚不动，左脚向C迈进成左虚步，两拳变手刀，左手刀向外横截（攻中段），右手刀置于胸前（图6－178）。

动作12：前踢冲拳。左脚前踢（图6－179①），落下后成左弓步，右拳前平冲拳（攻中段），左拳回收腰侧（图6－179②）。

图6－178

图6－179①

图6－179②

动作13：虚步拍掌。右脚不动，左脚略回撤成左虚步，左拳变掌向下拍击，右拳回收腰侧（图6－180）。

动作 14：转身外截。以左脚为轴，身体右后转，面向 G 成右虚步，右拳变手刀向外横截，（防中段），左手刀置于胸前（图 6 – 181）。

图 6 – 180

图 6 – 181

动作 15：前踢冲拳。右脚前踢（图 6 – 182①），落下后成右弓步，左手刀变拳前平冲拳（攻中段），右拳回收腰侧（图 6 – 182②）。

图 6 – 182①

图 6 – 182②

动作 16：虚步拍掌。左脚不动，右脚略回撤成右虚步，右拳变掌向下拍击，左拳回收腰侧（图 6 – 183）。

动作 17：转身下截。左脚不动，身体右转，右脚移向 A 成左后弓步，双掌变拳下截（防下段）左拳位于胸口处（图 6 – 184）。

图 6－183

图 6－184

图 6－185①

动作 18：前踢格挡冲拳。左腿前踢（图 6－185①），左腿下落同时右脚蹬地使身体腾空，右腿借势向上前踢（图 6－185②）。双脚落下后成右弓步，右拳由外向内格击，左拳回收腰侧（图 6－185③）。两脚不动，左拳向前平冲拳（攻中段），右拳回收腰侧（图 6－185④）。

图 6－185②

图 6－185③

图 6－185④

动作 19：转身外截。以右脚为轴，身体左转，左脚向 B 移步成右后弓步，左拳变手刀向外横截（防中段）（图 6－186）。

动作 20：弓步贯肘。左脚向 B 上步成左弓步，右肘由外向内横击，左手刀变拳回收腰侧（图 6－187）。

图 6－186

图 6－187

动作 21：右砸拳左冲拳。双脚不动，右拳向前砸出（攻上段）（图 6－188①），然后出左拳前平冲拳（攻中段），右拳回收腰侧（图 6－188②）。

图 6－188①

图 6－188②

动作 22：转身外截。左脚不动，身体右转，右脚略回撤面向 H 成左后弓步，右拳变手刀向外横截（防中段），左拳回收腰侧（图 6－189）。

动作23： 弓步贯肘。右脚向 H 上步成右弓步，左肘由外向内横击，右手刀变拳回收腰侧（图 6－190）。

图 6－189

图 6－190

动作24： 左砸拳右冲拳。双脚不动，左拳向前砸出（攻上段）（图 6－191①），然后出右拳前平冲拳（攻中段），左拳回收腰侧（图 6－191②）。

收势： 左脚回收还原成准备姿势（图 6－192）。

图 6－191①

图 6－191②

图 6－192

思考题：

1. 朝鲜民族如何理解太极的精神？
2. 练习品势有什么作用？
3. 太极八章演武线各象征着什么含义？
4. 太极八章各包括多少个动作？
5. 结合实际，如何尽快地熟练掌握品势动作？

第七章　跆拳道竞赛组织与裁判法

第一节　竞赛目的与要求

第一条　目　的

为建立一支具有较高水平并与世界跆拳道运动发展相适应的裁判队伍，保证竞赛的正常进行，促进跆拳道运动在我国的广泛开展和技术水平的提高。

第二条　要　求

一、裁判员必须思想作风好，热爱跆拳道事业。

二、精通竞赛规则，熟练掌握和运用裁判法。

三、严肃认真，公正、准确地对待工作。

四、加强内部团结，提高业务水平，保证竞赛规则的实施。

五、全力维护运动员的平等利益。

第二节　竞赛的组织

第三条　制定竞赛规程

一、要　求

（一）主办单位必须根据竞赛目的、任务、性质、规模等情况制定竞赛规程。竞赛规程是赛会的法规性文件，必须以竞赛规则为准则，可依据“竞赛规则”的精神进行适当的补充和调整。

（二）竞赛规程一般应在赛前3个月发出，以确保参赛各队有充分的准备时间。

二、竞赛规程主要内容

（一）主办单位

（二）承办单位

（三）比赛日期

（四）比赛地点

（五）参加单位

（六）竞赛项目

（七）参赛办法

（八）竞赛办法

（九）录取名次与奖励

（十）报名及报到

（十一）经费

（十二）违禁药物规定

（十三）技术官员

（十四）未尽事宜

三、竞赛规程范例

××××年全国跆拳道××××赛竞赛规程

（一）主办单位

国家体育总局拳击跆拳道运动管理中心

（二）承办单位

××省体育局

（三）比赛日期

××××年××月××日至××月××日

（四）比赛地点

××省××市体育馆

（五）参加单位

各省、自治区、直辖市、解放军、新疆生产建设兵团、各行业体协。

（六）竞赛项目

1. 男子：54kg 级、58kg 级、63kg 级、68kg 级、74kg 级、80kg 级、87kg 级、+87kg 级。

2. 女子：46kg 级、49kg 级、53kg 级、57kg 级、62kg 级、67kg 级、73kg 级、+73kg 级。

（七）参赛办法

1. 参赛者为××年经过代表资格注册的运动员。

2. 各参赛队限报正编运动员男女各 8 人参赛，每个级别限报 1 人。

3. 参赛运动员不足 6 名的单位，报教练或领队 1 名；6 名以上（含 6 名）的单位，可报领队、教练各 1 名；10 名以上（含 10 名）的单位，可报领队 1 名，教练 2 名，医生 1 名。

4. 报名后，各队不得更换参赛运动员和参赛级别。

（八）竞赛办法

1. 采用中国跆拳道协会制定的《跆拳道竞赛规则》，比赛使用电子护具。

2. 采用个人对抗赛，单败淘汰制。

3. 运动员必须着中国跆拳道协会认可的道服，自备个人用护具（护裆、护臂、护腿、护手）。

4. 组委会提供头盔、护身。

（九）录取名次与奖励

1. 各级别录取前八名，前三名发奖牌，前八名发证书。

2. 设男子团体、女子团体总分奖，分别录取前三名。

3. 设男、女最佳技术奖。

4. 设团体和个人“体育道德风尚奖”。

（十）报名及报到

1. 报名：××年××月××日（以邮戳为准）前将报名表一式两份（加盖参赛单位公章）分别寄至国家体育总局拳击跆拳道运动管理中心跆拳道部和承办单位，逾期按不参赛论。

2. 报到：各队于赛前两天到赛会报到，运动员携带注册证及二代身份证。

3. 运动员必须有县级以上医院出具的健康证明（心电图和脑电图）、人身意外伤害保险证明，一旦出现重大意外伤害事故，组委会将立即采取相应措施，但不承担法律责任。

（十一）经费

1. 报名费每人××元。

2. 所有参赛队需交纳食宿费，标准由承办单位另行通知。

3. 各参赛队的差旅费、食宿费自理。

4. 赛会组织、裁判员、奖牌奖杯证书等及其他费用由组委会承担。

（十二）违禁药物规定

比赛将进行兴奋剂检测，凡出现兴奋剂的参赛单位，将取消全队的参赛资格和比赛成绩，并按有关规定严肃处理。

（十三）技术官员

由国家体育总局拳击跆拳道运动管理中心选派，具体事宜另行通知。

（十四）未尽事宜，由承办单位另行通知。

第四条 赛程安排原则

一、根据赛会比赛时间规定、项目级别多少、各级别参赛人数，科学合理地安排赛程。

二、不论参赛人数多少，同一级别的所有比赛原则上应在一天内结束。

三、有利于运动员的体力恢复，有利于竞赛进程和竞赛效果。

第五条　制定竞赛日程

一、抽签及称量体重安排。

二、适应性训练时间和竞赛时间（每天两节或三节）安排。

三、开幕式安排。

四、发奖和闭幕式安排。

第六条　编制秩序册

一、要求

（一）在报名截止日期后开始编制。

（二）经反复核实，准确无误，印刷美观。

（三）可根据需要刊印赞助商广告，但不可喧宾夺主。

二、秩序册主要内容

（一）贺词（可不设）。

（二）竞赛规程。

（三）体育道德风尚奖、优秀裁判员、最佳男女技术奖评选办法。

（四）大会组织委员会。

（五）竞赛管理委员会。

（六）大会办事机构。

（七）仲裁委员会名单。

（八）裁判员名单。

（九）各代表队名单。

（十）大会日程及竞赛安排。

（十一）各级别运动员名单。

（十二）各代表队人数统计表。

第七条　组织领队、教练员、裁判员联席会

一、向各参赛队提出大会要求和有关规定。

二、最后确认参赛运动员名单。

三、通报有关情况，就各队提出的问题交换意见。

第八条　裁判员、教练员赛前培训

竞赛规则如有变动，一般由主办单位于赛前 3 个月举办裁判员、教练员学习

班，举办方法和形式由主办单位视竞赛性质、规模而定。

大会指定裁判员须提前报到，进行赛前培训及实习等准备工作。

第三节　裁判组的组成与职责

第九条　裁判组的组成

裁判组应由以下人员组成：裁判长、副裁判长、裁判员、编排记录长、编排记录员、检录长、检录员、电子护具保障员、宣告员等。

第十条　裁判组主要职责及要求

一、裁判长

（一）全面负责竞赛中的裁判工作。

（二）赛前检查落实比赛场地、器材、护具、用品等事宜。

（三）组织裁判员学习，制定竞赛程序和工作计划，明确裁判人员的分工。

（四）主持裁判技术会议，依据规则、规程精神，负责对竞赛中疑难问题进行解释。

（五）负责组织抽签、适应场地安排、裁判员实习等事宜。

（六）竞赛中，指挥裁判组及赛场工作，执裁过程中出现争议时负责协调，并有权作出最后决定。

（七）配合仲裁委员会，处理竞赛中有争议的重大问题。

（八）发现裁判员有违反竞赛规则或严重违纪行为，有权依据有关政策法规进行处罚。

（九）审核、签署和宣布比赛成绩。

（十）做好裁判总结工作，报中国跆拳道协会裁判委员会。

二、副裁判长

（一）协调裁判长做好各项工作，在裁判长临时缺席时可代理其职责。

（二）负责处理竞赛过程中有关称重、临场执裁、检录、记录、计时、宣告中出现的问题，并及时报请裁判长。

三、裁判员

（一）经协会登记注册，持有裁判员资格证书及段位证书。

（二）精通《跆拳道竞赛规则》和《跆拳道竞赛裁判法》及其他有关规定，认真学习竞赛规程。

（三）尊重并服从裁判长的指挥，有责任将竞赛中出现的问题及时上报，提出合理建议。

（四）按竞赛规则的要求进行场上执裁。

（五）裁判员不得以任何形式兼任领队、教练。

（六）不得随意向运动员及运动队传递有关的裁判内部信息。

（七）裁判员的工作由裁判组统一安排调动，本人不得提出特殊要求。

（八）严格遵守裁判员守则和赛会各项有关规定。

（九）比赛后及时做好总结工作。

（十）完成好裁判组交办的其他任务。

四、编排记录长

（一）协调裁判长做好赛前准备工作，负责编排记录组的工作，审查运动员报名表，参与编制秩序册。

（二）处理运动员弃权、变更，抽签组织，编排场地、场次等事宜并向裁判组通报情况。

（三）准备各种竞赛表格并发送有关裁判组。

（四）负责核实、登记并及时公布比赛成绩；将下阶段比赛秩序立即通报有关裁判组。

（五）及时将各级别比赛结果经核实无误后送交裁判长。

（六）整理资料，编写成绩册，协助组委会及时印制竞赛成绩册。

五、编排记录员

根据编排记录长的安排，完成编排记录组的工作。

六、检录长

（一）负责检录组的各项工作，保证比赛顺利进行。

（二）根据赛程安排指挥检录员按时点名，认真检查参赛运动员着装是否符合规定。负责发放、回收护具。

（三）处理运动员弃权问题，及时通报有关裁判组。

（四）协助大会做好开幕式、发奖闭幕式等项工作。

七、检录员

根据检录长的安排，完成检录组的工作。

八、电子裁判（如无电子计时记分设备可不设）

根据规则和规程要求，操作电子护具、计时记分等设备，保证设备正常运转。

九、宣告员

（一）熟悉跆拳道竞赛规则及跆拳道运动知识，具有一定语言表达能力。适时介绍跆拳道比赛基本知识及竞赛特点，适当介绍运动员及运动队基本情况。

（二）介绍赛会概况，宣布竞赛开始、结束，介绍场次、组别、级别，介绍临场裁判员及双方运动员。

第四节　竞赛种类与程序

第十一条　竞赛种类

竞赛可分为锦标赛、冠军赛、段位赛、精英赛、大奖赛、巡回赛、积分赛、测试赛、邀请赛、对抗赛、擂台赛等以及俱乐部、道馆、学校之间的各类形式不同的比赛。竞赛规模根据各种情况可以是国际的、全国、省际以及队际之间的，但原则上应符合竞赛规则要求。跆拳道竞赛主要分团体赛和个人赛，通常采用单败淘汰赛制或循环赛制。

第十二条　竞赛程序

根据竞赛的性质、规模、条件的不同，组织者进行合理、科学、系统的竞赛组织工作，力求做到高效、简练、易于操作。以下为基本竞赛程序范例：

一、确定比赛性质、规模、日期、地点等。

二、制定竞赛规程。

三、向参赛队发通知或邀请函。

四、报名（一式两份，分别邮寄或传真至主办和承办单位）。

五、安排赛程，编排秩序册。

六、落实场地、器材等，做好赛前准备工作。

七、选派裁判员，并安排赛前培训。

八、参赛队报到。

九、组织召开联席会议，通知有关事宜。

十、安排组织抽签。

十一、安排各队赛前训练、裁判实习。

十二、编排比赛场次，安排场地。

十三、必要时，适时举行开幕式、入场式。

十四、按赛程进入比赛阶段。

十五、计分和录取名次。

十六、闭幕式及颁奖仪式。

十七、裁判工作总结。

十八、印制、发放竞赛成绩册。

十九、离会。

第十三条　记分与录取

一、世锦赛、世界杯及亚锦赛计分方法

（一）前三名分别奖励金、银、铜牌。

（二）称重合格后，每1名上场比赛的运动员获得基础分1分。

（三）每赢得1场比赛加1分（包括轮空场次）。

（四）每1枚金牌加7分。

（五）每1枚银牌加5分。

（六）每1枚铜牌加3分。

根据参赛人数、技术水平、经费条件等可自行制定奖励办法。

二、全国锦标赛和国内综合运动会名次录取与奖励办法

（一）参赛人数少于4人，此级别取消比赛。

（二）参赛人数少于6人录取前2名。

（三）参赛人数少于8人录取前4名。

（四）参赛人数8人以上录取前6名或前8名。

（五）前3名分别奖励金、银、铜牌。

（六）奖励团体前3名。

三、关于名次的判定原则（如录取前6名时并列第5名的判定）

（一）获胜场次多者名次列前。

（二）若获胜场数相同，则按失利场的比赛情况判定，依次如下。

1. 平分败

若同为平分，则：

（1）比分高者列前

（2）净得分多者列前

（3）扣分少者列前

（4）抽签

2. 比分败

若同为比分败，则：

（1）分差少者列前

（2）得分多者列前

（3）失分少者列前

（4）净得分多者列前

（5）扣分少者列前

（6）抽签

3. 裁判员终止比赛

若同为裁判员终止比赛，则：

（1）受伤

（2）实力悬殊

（3）比赛时间长者列前

4. 弃权

若均为弃权，则比赛时间长者列前。

5. 犯规败

若均为此种情况，则比赛时间长者列前。

6. K. O 败

若均为 K. O 败，则比赛时间长者列前。

7. 失格胜

注：若因故意或严重不道德行为被取消比赛资格，除取消已获奖牌、名次外，还将由大会组委会研究处以通报、停赛或禁赛处罚。

第五节　临场裁判员执裁方法

第十四条　裁判员工作步骤

一、赛　前

裁判员要认真学习竞赛规则、规程和裁判法；熟悉竞赛程序；认真准备比赛场地、设备、表格、用具、服装等；在身体和心理上做好准备。

二、赛　中

裁判员各就其位，各司其职，在比赛期间高度集中注意力，排除一切外界干扰，全力保证比赛公正、顺利地进行。

三、赛　后

每场、每节比赛及整个竞赛结束后及时总结经验教训，不断提高执裁水平。赛事活动结束后，写出裁判工作书面总结，上交有关部门。

第十五条　临场裁判员安排

根据竞赛规模、参赛人数、场地和日程安排，进行裁判员分组。每块场地每一节比赛一般安排 2 ~3 组裁判。每个组为 5 人（其中一人为替补），轮流担任主裁判员和边裁判员。也可以每场比赛更换一组裁判员，同时应注意回避原则。

第十六条　裁判员进场与退场

一、进　场

每节或每场比赛开始前，临场裁判组按位置顺序列队入场，要求按规定着装，步伐整齐，精神面貌好。到达各自位置后，听主裁判员口令，相互行礼，各就其位。主、边裁判员轮换时，主裁判员行至边裁判员面前，行礼后换位。

二、退　场

临场裁判员全体起立，互相行礼，顺序列队退场。

第十七条　主裁判员执裁原则与步骤

一、　基本任务

（一）通过具体实施和执行规则，控制整个比赛场面，保证比赛公平、公正地进行。

（二）保护运动员的安全。

（三）通过果断合理运用规则和公正准确执法，引导运动员发挥出技术水平。

二、基本要求

（一）思想素质

1. 政治觉悟高，思想素质好，组织观念强。

2. 了解跆拳道传统精神和作为竞技体育的价值。

3. 全面的体育修养。

4. 理解运动员的比赛心理。

5. 有较强的责任心和正义感。

（二）执裁经验

1. 有过裁判员或运动员经历。

2. 不断了解新的技术及其发展趋势。

3. 理解规则条文和精神。

（三）心理品质

1. 敏锐的洞察力和果断的判断力。

2. 高度集中的注意力。

3. 情绪控制能力。

（四）身体健康

1. 保持强健的体魄。

2. 步法灵活，移动迅速。

3. 视力良好。

4. 表达准确、清晰、及时。

（五）职业道德

1. 礼始礼终。

2. 团结协作。

3. 遵守时间。

4. 仪表整洁。

（六）紧急情况的处理和救护

1. 准确判断受伤程度。

2. 掌握基本急救措施和手段。

三、基本能力

（一）操作能力

1. 实际手势操作。

2. 控制比赛。

（二）判断能力

1. 判断犯规。

2. 判定优势。

3. 比赛出现紧急情况的即刻判断和应变能力。

（三）分析能力

1. 分析比赛。

2. 引导比赛。

（四）综合能力

1. 引导实现理想化竞赛。

2. 赋予和表现出跆拳道的文化内涵，开创新的竞赛文化。

四、一般执裁步骤

（一）上场前的准备

1. 热身活动。

2. 检查着装，仪表整洁，不得携带可能对选手有伤害的物品（手表、金属物等）。

3. 集中注意力，排除干扰。

（二）进入场地

1. 精神饱满，自然大方，不卑不亢。

2. 观察双方运动员和教练员及裁判员等是否就位，服装是否符合规则要求。

3. 发出口令、手势指挥运动员双方上场。

（三）口令与手势要求

1. 严格按竞赛规则的要求使用口令和手势。

2. 及时、准确、清晰地表达自己的判断（但不能夸张），口令要响亮、果断，动作要敏捷、干脆，应避免与运动员有身体接触。

3. 尽量减少比赛的中断，不要作不必要的、多余的手势。

4. 发布口令或做手势时要威严自信，表情自然。

（四）站位与移动

1. 位置关系：主裁判员与两名运动员应保持锐角三角形的位置关系，以便观察与判断随时控制比赛。

2. 根据运动员级别、身高等情况保持一定距离，注意不能离运动员太近或过远，以不影响运动员正常发挥水平为原则。

3. 根据场上情况不断移动位置，移动时要迅速敏捷，步法灵活。

4. 不允许从正在比赛的双方运动员中间穿行。

（五）主裁判员对犯规判罚的指导原则

根据制定规则总的精神，主裁判员在执裁过程中的根本任务有三条，即：倡导公平竞争的比赛、保护运动员的安全、保证运动员技术水平的发挥和比赛顺利进行。主裁判员的任何判罚都应遵守这个精神，而不应拘泥于刻板地、机械地执行规则条款。规则在讨论、制定、修改的过程中，充分地考虑了各种可能出现的情况、双方运动员的利益以及维护比赛的公平性、严肃性。因此，主裁判员还应依据以下几个方面的情况作出合理的判罚。

1. 有意无意

根据规则的精神，原则上对有意或故意的犯规给予较重的判罚，对无意或不可预料的犯规给予较轻的判罚。例如比赛中经常出现的攻击下肢、裆部的现象，通常情况下，对故意的犯规行为给予相对较重的处罚。但有时犯规是无意或不可避免的，一方运动员出腿进攻躯干，而与此同时，另一方使用腾空技术，使下肢、裆部处于原先躯干的高度或位置，造成进攻方运动员犯规。这种犯规纯属无意和不可预料，主裁判员应根据情况给予较轻的处罚或不予判罚。

2. 有先有后

根据规则的精神，原则上对有意或故意的犯规给予较重的判罚，对无意或不可预料的犯规给予较轻的判罚。例如比赛中经常出现的攻击下肢、裆部的现象，通常情况下，对故意的犯规行为给予相对较重的处罚。但有时犯规是无意或不可避免的，一方运动员出腿进攻躯干，而与此同时，另一方使用腾空技术，使下肢、裆部处于原先躯干的高度或位置，造成进攻方运动员犯规。这种犯规纯属无意和不可预料，主裁判员应根据情况给予较轻的处罚或不予判罚。

3. 有主有次

有时出现的双方犯规，有主次或主动被动的情况，主裁判员应分清主次，判罚引起犯规的主要责任方。如接触行为中的抓、推、抱行为，一方运动员在接触中推对方，另一方为了不被推开，反射性地抓住对方的某一部位或道服、护具，造成双方都有犯规行为。在此情况中，有矛盾及责任的主要方面和次要方面，应对引起犯规的主动方给予处罚，对被动的一方给予较轻或不予处罚。

4. 有轻有重

根据受伤的程度衡量判罚尺度。例如头部受伤的判罚，应充分考虑有意无意、有先有后、有轻有重等各方面综合情况作出公正、合理、恰当的判罚。警告与扣分同时出现时，选择较重的一个判罚，如情节特别严重或无视体育道德、竞赛规则等行为，主裁判员有权直接判其犯规败。

5. 有利无利

主裁判员的判罚应针对犯规一方，有利于公平的竞争，有利于运动员技术发挥，有利于比赛顺利进行。例如对边界问题的判罚，有的运动员为消极对待比赛，有意将比赛置于警戒线附近，让自己一旦完成进攻就处于出界位置，等待裁判喊停，等待有利于自己的局面。主裁判员应清楚地了解双方运动员的比赛心理，维护比赛的公平竞争，该判的判，不该判的坚决不判，不让不合理局面出现。

6. “黑白”分明

主裁判员一定要根据规则独立行使判决权力。如犯规程度不够处罚标准可以不判，一旦出现明显犯规一定要判罚，不能有包庇行为或纵容运动员故意犯规，双方同时犯规都要判罚。主裁判员不应出现莫名其妙、模棱两可的提醒或判罚。

第十八条　边裁判员执裁原则与步骤

一、计分原则

（一）独立判断原则

边裁根据运动员的技术使用、击打部位以及击打后的力度、效果来判断是否得分，因为对于躯干与头部的击打在力度与得分标准上都不一样，所以要看清部位，快速判断，以免给错分或给反分。

（二）即时记分原则

此条也叫 1 秒钟原则，意味着得分技术一出现应立即记分，判断准确后快速按记分器，使有效得分迅速显示出来。1 秒钟之内，如果 4 名边裁有 3 名给分即为得分，超过 1 秒钟再给分则无效也是不允许的。根据比赛的实际情况，也可采取 3 名边裁判员执裁，其中 2 名以上记分有效的方式。

（三）错误不更改原则

对于已经在显示器上显示出来的比分，边裁无权作更改，而对于明显击打头部却只给 1 分或明显左方得分却给红分记分，比赛监督和技术代表有权中断比赛并令记录员更改比分。

（四）错误不补偿原则

对于模棱两可的得分给了就给了，不给就不给，不能觉得某方运动员上一次击打应该得分自己却没有给，这一次击打达不到得分标准却作为对上一次的补偿而随意加分。原则是必须坚持的，同时这样做也会分散注意力，影响比赛公平、公正的进行。

二、有效得分的计分

（一）有效得分的概念

有效得分是指使用规则允许的技术，准确、有力地击中得分部位给予的分。精确地定义一个有效得分的困难在于缺乏对准确性与力度的客观量化标准。因而，裁判员必须对得分技术有清楚的个人体验，这一体验又应当与规则及其他裁判员的体验一致。裁判员判断得分技术动作时应注意两个问题：一是在计分时使用的标准过于严格、狭窄，二是对动作或受击打的区域缺乏灵活性。

（二）计分标准分析

1. 得分标准的分析

规则中关于得分有准确性和力度两个方面的标准。

准确性按精确程度分为如下。

（1）准确接触。

（2）部分接触。

（3）过度延伸接触。

（4）阻碍性接触。

力度是指打在对手身体上的力量大小。力度有两个方面的基本要素：所使用技术动作的速度和力量。事实上，凡有力击打使对手突然产生明显或不明显的位移均可视为强有力的击打。

按力度大小的程度分为如下。

（1）强有力接触。

（2）轻接触。

（3）推击接触。

（4）最低限度接触（擦过性击打）。

2. 情况分析

（1）准确性

准确接触（90%以上）、大部分接触（50%以上）、小部分接触（50%以下）。

（2）力　度

重心产生突然位移、接触的声音响亮程度、接触时技术发挥的情况（对手重心的位移量度和技术动作的速度）。

（3）部　位

躯干部位的有效得分：由电子感应护具中的感应器自动计分；当运动员使用有效的旋转技术时，“有效的力度得分”将由电子护具感应器自动计分，“有效的旋转技术分”将由边裁判员作出判断，给出得分。

头部的有效得分和拳的技术得分：由边裁判员用电子记分器或计分表即时记分。

（4）击打得分部位之外的允许攻击部位，以下情况可得分

被打倒、被暂时击昏，失去继续比赛的能力、被击倒并落地很重。

3. 特殊得分情况

同时连续击打、快速变换击打、不常见的击打、经常性重击。

三、一般工作步骤

（一）按指定位置就座：分为第一、二、三号边裁判员。

（二）按照规则要求，贯彻规则、规程及裁判组的计分原则和精神，在每一局比赛进行计分。

（三）在裁判长及仲裁委员会询问时说明自己的意见。

（四）认真及时地进行自我总结，提高执裁水平。

第十九条 裁判员的变更和处罚

一、裁判长有权指挥和调动裁判员，变更或重新安排裁判员的工作。

二、裁判员应自觉遵守裁判员守则，服从裁判长的指挥。如有下列行为，将受到处罚

（一）不公正执法，有意偏袒或损害一方运动员。

（二）有明显的错判、误判和反判。

（三）不服从裁判长的指挥。

（四）不遵守有关比赛纪律、秩序。

（五）无故不参加裁判会议。

（六）不按规定着装或着装不整。

三、处 罚

（一）口头警告，批评教育。

（二）取消其本场裁判资格。

（三）在一段时间内停止其参加跆拳道裁判工作的资格。

（四）终身禁止其担任跆拳道裁判员。

第六节　竞赛所需器材与物品

一、主要器材

（一）比赛垫子

8 米 ×8 米经中国跆拳道协会认可具有一定厚度和弹性。为保护运动员的安全，边界线以外需铺设比赛垫，尺寸大小可根据比赛的实际情况确定，宽度为 1 ~ 2 米。

（二）护　具

分青红两色的头盔和护身，号码齐全，数量能满足上场及场下检录运动员的需要。

（三）桌　椅

供仲裁委员会、裁判长、临场裁判、记录组、检录组、播告席及医务席使用。

（四）体重秤

标准的相同型号的体重秤四台，在男、女称重室内、外各一台，并做好备用准备。

（五）电子计时计分牌

须经中国跆协监制。如不具备条件，可采用手工方式代替，即计时员用秒表计时，边裁判员用计分表手工计分，手翻牌报告成绩。

（六）复印机或速印机

供编排记录组印发对阵表、成绩册等。

（七）计算机和打印机

用于秩序编排和比赛成绩处理，产生对阵表和成绩公告，及打印各种竞赛表格等。

（八）摄像机

每块场地一台，提供仲裁录像。

二、其他物品

（一）临场裁判组

文件夹、圆珠笔、铅笔、橡皮、哨子、秒表、水桶、毛巾等。

（二）编排记录组

文件夹、圆珠笔、铅笔、橡皮、直尺、毛笔、墨水、复印纸、复写纸、白报纸、彩笔、双面胶、裁纸刀、公文袋、计算器及抽签用具。

（三）检录组

手提喇叭、文件夹、圆珠笔、铅笔、橡皮、小黑板、粉笔板擦、指甲刀、胶布等。

（四）宣告员

麦克风、纸、笔、笔记本等。

思考题：

1. 主裁判员对犯规判罚的指导原则是什么？
2. 边裁判员计分原则是什么？
3. 跆拳道竞赛主要有哪些种类？
4. 裁判组应由哪些人员组成？
5. 请根据实际情况制定一次比赛的竞赛规程。

第八章　跆拳道竞赛规则

竞技跆拳道运动经过40年的发展，特别是经过悉尼、雅典、北京、伦敦4届奥运会的磨炼，其竞赛理论、竞赛规则以及裁判方法更加科学、严谨、规范，不仅促进了本项目技战术创新，也使比赛更加精彩、激烈。

我国自1994年正式开展跆拳道项目以来，竞赛理论、竞赛规则和裁判方法的研究和制定，经历了“学习引进、适应完善、研究创新”的发展过程，总体的指导思想是力求搭建公平、公正、公开的国内竞赛平台，体现并倡导“国内练兵、一致对外”的思想。实践证明，坚持这一正确的指导思想，充分发挥竞赛杠杆作用，能够促使我国的跆拳道运动不断壮大。

为了增强跆拳道比赛的观赏性和公正性，备战国际大赛，依据世界跆拳道联合会2012年12月26日最新颁布的跆拳道竞赛规则及解释，结合国内跆拳道竞赛的实际情况，以及我国跆拳道运动员参与国际大赛竞争的需要，中国跆拳道协会对现行的竞赛规则及解释进行了修订，现正式颁布新的《跆拳道竞赛规则及解释（竞技）》，原竞赛规则同时废止。

第一条　总　则

一、《跆拳道竞赛规则（竞技）》（以下简称本规则）依据世界跆拳道联合会（WTF）（以下简称世跆联）所颁布的竞赛规则及解释，结合中国跆拳道运动发展的实际情况所制订。

二、本规则是中国跆拳道协会（以下简称中国跆协）及其所属团体会员在中国境内主办或组织的所有跆拳道竞赛所使用的统一规则，目的是保证竞赛公平顺利地进行，并确保本规则在竞赛中得到执行和应用。

（注释1）

本规则的核心条款和内容全部依据世跆联所颁布的最新竞赛规则及解释，部分条款结合中国跆拳道运动发展的实际情况以及国内竞赛工作的任务与目的等进行了补充和完善。

（注释2）

第一条的目的是保证全国范围内的跆拳道竞赛规范化，所有不符合此基本规则的竞赛均不被视为跆拳道竞赛。

（注释3）

以下使用“注释”和“解释”的内容是对有关条款的内涵和本质定义进行说明。当教练员、运动员和裁判员对本规则的认识和解释产生分歧时，裁判员具有最终解释权。

第二条 适用范围

本规则适用于中国跆协及其所属团体会员在中国地区举办的各级、各类跆拳道竞赛。如需改动有关条款，须经中国跆协批准。

（解释1）

须经中国跆协批准：任何团体会员需更改本规则的某条款，必须在规定比赛时间的1个月之前将更改内容及其理由报请中国跆协审批。

（解释2）

（1）体重级别。（2）裁判员人数。（3）检查台、记录台、临场医务台人员。（4）比赛时间等条款内容，可经中国跆协批准后更改，但“有效得分”“警告”“扣分”“比赛场地”等条款在任何情况下不得更改。

第三条 比赛区

比赛场馆至少应有2 000个座位，场馆地面面积至少为40m×60m，能给观众和运动员提供最佳的视觉和听觉效果。场馆地面到天花板的高度应在10m以上。场馆内照明应在1 500～1 800勒克斯之间，由场馆顶部直接照射到比赛场地。

比赛区应为8m×8m、水平、无障碍物、正方形的场地，或由中国跆协批准使用的其他规格的比赛场地。

比赛区应铺设中国跆协监制或指定的专用比赛垫。必要时，比赛区可根据实际需要置于一定高度的平台上。为保证运动员的安全，比赛台与地面的高度应为 0.6 ~ 1m，比赛台场地边界线外应有与地面夹角小于30°的斜坡（图 8 –1）。

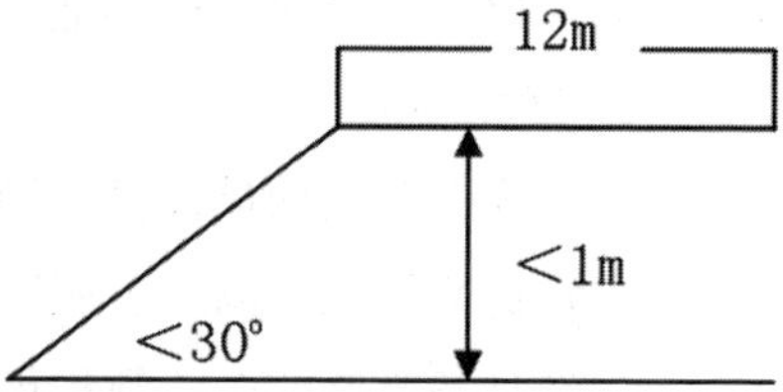

图 8 –1　比赛台

一、比赛区的划分（图 8 –2）

（一）8m × 8m 的区域称为比赛区，用蓝色标注。

（二）比赛区的外缘线称为边界线。

（三）比赛记录台和临场医务台面对比赛区的边缘线为第 1 边界线，顺时针旋转依次为第 2、第 3、第 4 边界线。

（四）边界线以外需铺设比赛垫，保护运动员的安全。尺寸大小可根据比赛的实际情况确定，宽度为 1 ~ 2m，边界线外的保护区用红色或黄色标注。

二、位　置

（一）主裁判员位置：距离比赛区中心点向第三边界线方向 1.5m 处。

（二）边裁判员位置：1 号裁判员在第一、二边界线夹角，面向比赛区中心点向后 0.5m 处。2 号边裁判员在第二、三边界线夹角，面向比赛场地中心点向外 0.5m 处。3 号边裁判员在第三、四边界线夹角，面向比赛场地中心点向外 0.5m 处。4 号边裁判员在第四、一边界线夹角，面向比赛场地中心点向外 0.5m 处。

如果比赛设 3 名边裁判员，1 号边裁判员在第一、二边界线夹角，面向比赛区中心点向后 0.5m 处。2 号边裁判员的位置在第三边界线中心点外 0.5m 处，正对比赛场地中心。3 号边裁判员在第四、一边界线夹角，面向比赛区中心点向后 0.5m 处。

（三）记录台位置：置于第一边界线向后至少 2m 处，面向比赛场地，并距离第一、二边界线夹角 2m。

（四）医务台位置：置于第一边界线右侧向外至少 3m 处。

（五）运动员位置：运动员的位置是相对的 2 点，距离比赛区域中心点各 1m，距离第一边界线 4m 处（左方距离第二边界线 3m，右方距离第四边界线 3m）。

（六）教练员位置：位于本方运动员一侧的边界线中心点向后 1m 处。比赛期间，教练员不得离开指定的 1m × 1m 的教练员指定区域。

（七）检查（检录）台位置：检查（检录）台位于比赛场地入口处附近。

三、赛场环境

（一）为参赛运动员提供适当面积的热身区域和检录区域。

（二）比赛场地的高度、照度、温度和湿度适于运动员进行比赛。

（三）具备必要的医疗救护设施和措施。

（四）提供比赛所需的比赛景观和体育展示及其他环境和设施。

（解释 1）

比赛区域应铺设有弹性、平整的由中国跆协监制或指定的专用比赛垫。颜色搭配必须避免刺眼或引起运动员、观众视觉的疲劳，应与运动员的护具、服装、垫子表面颜色协调一致。

（解释 2）

比赛区：应是 8m × 8m 的正方形，环绕比赛区域应有至少 2m 宽的安全区域。因此，1 片比赛场地的面积至少为 12m × 12m。

比赛台应按照如图 8－2 搭建。

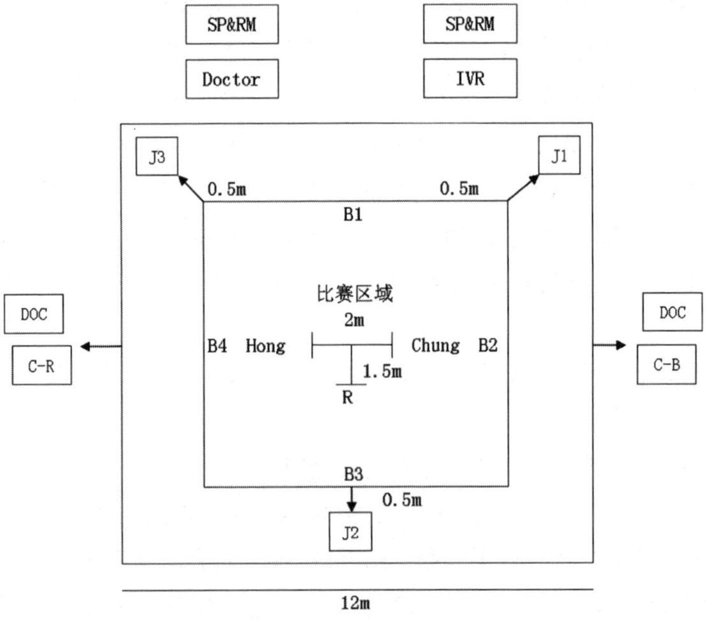

图 8－2　比赛场地

B1－4：边界线1～4

R：主裁判员

J1－3：边裁判员1～3

C－R：右方教练

C－B：左方教练

DOC：随队队医

SP&RM：比赛监督和成绩处理

TD&CSB：技术代表和仲裁委员会

Doctor：医务监督

IVR：录像审议委员

（解释4）

检查台：在检查台，裁判员需检查运动员所穿戴的护具装备是否经中国跆协认可，尺寸大小、穿戴松紧程度等是否合适，如不合适，则要求运动员更换合适的护具。

（执裁指导）

裁判员必须充分理解“比赛区”的定义并在比赛中掌握好尺度，避免过多中断比赛。

第四条 运动员和教练员

一、运动员资格

运动员必须同时具备以下条件，方可参加中国跆协所举办的赛事。

（一）必须是中国跆协的个人会员，其代表的参赛运动队属于在中国跆协注册的团体会员。

（二）当年度在中国跆协登记注册有效。

（三）持有中国跆协颁发、或经中国跆协推荐获得国技院/世跆联颁发的相应段位、级位证书。

（四）参加青少年比赛的运动员年龄符合中国跆协颁布的竞赛规程的规定。

（五）无违反《跆拳道竞赛纪律处罚条例》的行为。

（六）参加中国跆协各级团体会员和地方协会举办的比赛必须符合当地协会的各项规定和要求。

（解释1）

参赛资格：参赛运动员必须是中国跆协的个人会员，并只能代表在中国跆协注册的某一个团体会员单位参赛。依据是当年在中国跆协进行年度注册的注册文件和相应证明。

（注释1）

通常全国青年锦标赛的年龄限制为14～17周岁，以比赛当年的年份计，不按日期计算。例如，比赛日期为2014年9月9日，出生日期为1997年1月1日～2000年12月31日期间的运动员有资格参加比赛。

二、教练员资格

教练员必须同时具备以下条件，方可在中国跆协所举办的赛事中担任教练员。

（一）必须是中国跆协的个人会员，其代表的参赛运动队属于在中国跆协注册的团体会员。

（二）持有中国跆协颁发的教练员资格证书，并通过中国跆协当年的年度审核。

（三）持有中国跆协颁发、或经中国跆协推荐获得国技院/世跆联颁发的相应段位证书。

（四）参加并通过中国跆协举办的教练员培训班的考核。

（五）参加中国跆协各级团体会员、地方协会举办的比赛必须符合当地协会的各项规定和要求。

三、比赛服装和护具

（一）运动员穿着和佩戴的道服和护具必须由中国跆协指定或认可。

（二）运动员比赛时须佩戴：护具、头盔、护裆、护臂、护腿、护齿、手套、感应脚套（使用电子护具的情况）。其中护裆、护臂、护腿应穿戴在道服内。除了头盔，头部不得佩戴其他物品。与宗教信仰相关的物品，应提前获得许可并佩戴在头盔或道服内。

（三）跆拳道比赛道服、护具及其他装备的具体要求应分别指定。

（四）教练员在赛场执教时，必须穿着规范的运动服、运动鞋。严禁穿着与比赛不相适应的衣着入场执教。

（五）赛事组委会应根据所需比赛装备的数量，负责准备比赛所需装备。

（解释 2）

护具的大小和运动员的级别相对应。同一级别的运动员穿戴相同尺寸的护具参加比赛。

（解释 3）

护齿：护齿的颜色只能是白色或透明。如果有医生诊断证明使用护齿会对运动员造成伤害，该名运动员可不戴护齿。

四、药物控制

（一）在由中国跆协举办和认可的各类跆拳道比赛中，禁止携带、使用和提供国际奥委会（IOC）禁用的药品和使用禁用的方法。

（二）中国跆协有责任委托中国奥委会反兴奋剂委员会随时对运动员进行药检。

（三）赛事组委会必须无条件配合药检工作。

（四）任何拒绝药检或药检证明违反有关规定者，取消其比赛成绩，比赛成绩按顺序递补。同时，按《中国跆拳道协会兴奋剂违规处罚办法》予以处罚。

五、责任与义务

（一）比赛中发生伤害和死亡事故时，不得向主办方、组织方、对方运动员追究责任。过失行为导致的事故应追究过失方的责任。

（二）各级各类跆拳道竞赛应当统一为运动员办理跆拳道专项保险。

第五条　体重级别

一、体重分为男、女级别

二、体重分级

（一）成年锦标赛、冠军赛（表 8－1）

表 8－1　　kg

级别	男子	女子
Fin（鳍量级）	54 以下	46 以下
Fly（蝇量级）	58	49
Bantam（雏量级）	63	53

续表

级别	男子	女子
Feather（羽量级）	68	57
Light（轻量级）	74	62
Welter（次中量级）	80	67
Middle（中量级）	87	73
Heavy（重量级）	87 以上	73 以上

（二）奥运会、全运会（表8-2）

表8-2 kg

级别	男子	女子
Fly（蝇量级）	58 以下	49 以下
Feather（羽量级）	68	57
Middle（中量级）	80	67
Heavy（重量级）	80 以上	67 以上

（三）世界青年锦标赛、全国青年锦标赛（表8-3）

表8-3 kg

级别	男子	女子
Fin（鳍量级）	45 以下	42 以下
Fly（蝇量级）	48	44
Bantam（雏量级）	51	46
Feather（羽量级）	55	49
Light（轻量级）	59	52

续表

级别	男子	女子
Welter（次中量级）	63	55
Light Middle（轻中量级）	68	59
Middle（中量级）	73	63
Light Heavy（轻重量级）	78	68
Heavy（重量级）	78 以上	68 以上

（四）青年奥运会（表 8－4）

表 8－4　　kg

级别	男子	女子
Fly（蝇量级）	48 以下	44 以下
Feather（羽量级）	55	49
Welter（次中量级）	63	55
Middle（中量级）	73	63
Heavy（重量级）	73 以上	63 以上

三、青少年比赛的级别设置，在保证安全的基础上，可根据实际情况进行调整，并由赛事组委会报请中国跆协认可。

（注释）

跆拳道竞赛是运动员通过直接身体接触、身体对抗决定胜负的项目。为了保护运动员的安全，同时使运动员在公平竞争的条件下使用技术，设置了体重分级体系。

男、女运动员分别在各自的性别和级别组进行比赛，这是最基本的原则。

根据实际参赛情况，必要时可取消或合并比赛级别。

（解释 1）

“以上”和“以下”的界定：

称量体重的精确程度以小数点之后的百分位为测量标准。例如：50kg 以下级的称量标准，49.99kg、50.00kg、50.009kg 均为合格，50.01kg 为不合格。

54kg 级的称量标准：体重从 50.01kg ~ 54.009 均为合格，以此类推。

第六条 比赛的种类和方法

一、比赛种类

（一）个人赛：个人赛一般在相同体重级别的运动员之间进行。运动员在 1 次赛事中只允许参加 1 个级别的比赛。

（二）团体赛

1. 按体重级别进行 5 人制团体赛（表 8 – 5）

表 8 – 5　　kg

级别	男子	女子
Fin（鳍量级）	54 以下	47 以下
Bantam（雏量级）	63	54
Light（轻量级）	72	61
Middle（中量级）	82	68
Heavy（重量级）	82 以上	68 以上

2. 按体重级别进行 8 人制团体赛。

3. 按体重级别进行 4 人制团体赛（将 8 个体重级别中相邻 2 个级别合并成为 4 个级别）。

二、比赛方式

（一）单败淘汰赛

（二）复活赛

（三）循环赛或其他赛制

三、包括全运会在内的综合性运动会的跆拳道比赛一般采用个人赛制。

四、国内举行的所有跆拳道比赛，参赛运动队不能少于 4 支队伍，每个级别的参赛运动员不能少于 4 人，少于 4 人的参赛级别比赛成绩无效。

（解释 1）

在锦标赛体系中，竞赛以个人为基础，团体名次根据个人成绩进行综合积分统计来决定。

积分方法：

1. 团体名次应根据如下条款由总分决定

称重合格后，每 1 名上场比赛的运动员获得基础分 1 分。

每赢得 1 场比赛加 1 分（包括轮空场次）。

每 1 枚金牌加 7 分。

每 1 枚银牌加 3 分。

每 1 枚铜牌加 1 分。

2. 如 2 支参赛队积分相同，先后名次按以下办法排列

（1）按各队获得的金、银、铜牌数顺序。

（2）参赛运动员人数顺序。

（3）大级别获得分数多者顺序。

3. 在团体赛中，每场团体赛的结果由单一参赛队成绩决定。

4. 8 个体重级别模式：

在 8 个级别的团体赛中，获胜 5 场以上为胜方。如果因 2 队平分不能确定先后名次（4:4），则各队选派 1 名同级别的代表进行加赛，此时的上场运动员不能为替补。

5. 在上述模式中，如果某一队在全部比赛结束之前就已经因获胜场数多而获胜，原则上剩下的比赛仍须进行。如失败的一方希望放弃余下的比赛，比赛结果不按累计积分计算而视为“失去比赛资格败”（以下简称“失格败”）。

第七条　比赛时间

比赛时间是指每场比赛为 3 局，每局比赛 2 分钟，局间休息 1 分钟。比赛时间和比赛局数也可根据实际情况做相应调整，由比赛技术代表决定调整为每局比赛 1 分钟或 1 分半钟，或调整为每场比赛设 2 局。

（注释）

可根据特殊需要对局数、比赛时间及休息时间进行调整，但每局比赛（包括加时赛）2 分钟的时间规定原则上不能改动。

第八条 技术会议与抽签

一、技术会议

（一）比赛开始的前1天或2天召开由技术官员、各参赛队领队及教练员参加的技术会议。

（二）技术会议中，由技术代表或其他技术官员就比赛相关技术事宜进行说明，并主持抽签工作。

二、抽签

（一）抽签方式包括电脑抽签和人工抽签。

（二）抽签的方法和顺序由技术代表决定。

（三）技术代表或其指定人员代替未出席技术会议的参赛队进行抽签。

（四）抽签结果由技术代表签字确认，确认后不得变更。

（注释1）

技术会议上所公布的内容以及决定的事项必须符合本规则的规定，和竞赛规则具有同等效力。

第九条 称　重

一、称重方式

（一）按级别于比赛日的前1天进行称重。

（二）所有级别于第一比赛日前1天进行称重。

二、称重时间和地点由赛事组委会决定。称重必须在2小时内完成。如称重不合格，在1小时内有1次补称机会。

三、称重时，男运动员着内裤，女运动员着内裤、胸罩。如运动员要求，允许裸体称重。

四、赛事组委会应提供试称用的体重秤（误差不得超过0.01kg），放置于运动员驻地或训练场馆。

五、运动员须持有效参赛证件参加称重，否则按称重不合格计。

六、监督与确认

（一）称重的各个环节须由裁判员和赛事组委会指定的工作人员共同执行。如有必要，可由参赛队代表进行监督。

（二）称重结果须经技术代表或指定技术官员签字确认，确认后不得更改。

（解释 1）

比赛当日的参赛选手：比赛当日的参赛选手是指按赛事组委会或中国跆协排定的比赛日程，在预定日期进行比赛的参赛选手。

比赛前一天：称重时间由赛事组委会确定并在技术会议上通知参赛队赛前一天称重，称重时间不超过 2 小时。

（解释 2）

男、女子称重地点应分开，并分别由男、女性技术官员负责进行。

（解释 3）

正式称重不合格：如果运动员正式称重不合格，不能获得基础分。

（解释 4）

试称用的体重秤必须与正式的体重秤型号相同，并具有相同的精确度，在赛前由赛事组委会核对无误。

第十条　比赛程序

一、检　录

比赛开始前 30 分钟，检录处开始检录，宣告该场参赛运动员名字 3 次，运动员在规定时间持有效参赛证件到检录区进行身份确认，穿戴并测试护具，等候赛前检查。

二、检　查

检录后，运动员，教练员及队医必须接受包括至少 1 名裁判员在内的技术官员对其进行身体、服装、护具及用品的检查。检查合格后，在指定区域等候带领入场。

（注释 1）

运动员、教练员及队医不得携带任何可能造成伤害的物品进入比赛场地，并不得有任何不服从检查的态度或行为。

（注释 2）

除非有赛事组委会医务监督的证明，运动员不得使用任何脚部包裹物。

三、点　名

入场前 3 分钟开始点名，每分钟点名 1 次，共点名 3 次。如比赛开始后 1 分钟仍未到场者，按弃权论。

四、入　场

点名后，运动员和 1 名教练员进入比赛场地指定位置，并允许 1 名队医同时入场。

五、比赛开始和结束

（一）每场比赛开始前，主裁判员给出“青”（Chung），“红”（Hong）的口令，示意双方运动员进入比赛区。如果在主裁判员发出“Chung、Hong”口令示意运动员进场时，有一方参赛运动员没有出现，或者仍在教练员区域没有做好比赛准备，包括佩戴保护装备、穿戴道服等，该名运动员将被视为退出比赛，主裁判员应宣布对方获胜。

（二）双方运动员相向站立，听到主裁判员发出“立正”（Cha－ryeot）和“敬礼”（Kyeong－rye）的口令时互相敬礼。敬礼时自然站立，左臂紧夹头盔，腰部前屈不小于 30°，头部前屈不小于 45°。敬礼完毕后，运动员戴上头盔。

（三）主裁判员发出“准备”（Joon－bi）和“开始”（Shi－jak）口令开始比赛。

（四）每局比赛由主裁判员发出“开始”（Shi－jak）口令开始，发出“停”（Keu－man）口令结束。即使主裁判员没有发出“停”（Keu－man）的口令，比赛仍将按照规定的时间结束。

（五）最后 1 局比赛结束后，运动员相向站在各自指定位置脱下头盔并用左臂夹紧。主裁判员发出“立正”（Cha－ryeot）、“敬礼”（Kyeong－rye）口令时，运动员相互敬礼，等待主裁判员宣判比赛结果。

（六）主裁判员举起获胜方一侧的手臂，面向记录台宣判。

（七）双方运动员退场。

六、团体赛程序

（一）2 个参赛队的所有运动员在指定位置相向站立，按边界线方向顺序排列。

（二）比赛开始前和结束后的程序按第十条第 5 款规定进行。

（三）双方运动员需到比赛场外指定位置等候上场。

（四）比赛全部结束后，双方运动员进场相向列队站立。

（五）主裁判员宣判比赛结果后，双方运动员退场。

（解释 1）

随运动员入场比赛的队医必须持有效的队医执照或证件，教练员不允许替代队医入场。

（注释1）

比赛使用电子护具的情况下，在检录检查区应检查电子护具系统和双方运动员佩戴的感应脚套是否能正常使用。

第十一条　允许使用的技术、允许攻击的部位

一、允许使用的技术

（一）拳的技术：紧握拳并使用正拳进行正面攻击的技术。

（二）脚的技术：使用踝关节以下脚的部位进行攻击的技术。

（解释1）

正拳：跆拳道传统技术中，“正拳”（Pa－run－ju－mok）就是使用紧握的拳正面，迅速、有力地直线攻击对方躯干正面的技术。

（解释2）

脚的技术：使用踝关节以下脚的部位所进行的攻击技术是合法的技术，使用踝关节以上腿的部位，如小腿、膝关节等所进行的任何攻击是被禁止的。使用电子护具的比赛，电子脚套的感应部位由世界跆拳道联合会决定。

二、允许攻击的部位

（一）躯干：允许使用拳和脚的技术击打部位被护具包裹的躯干部位，禁止攻击后背脊柱。

（二）头部：允许使用脚的技术击打锁骨以上的部位。

（解释3）

护具：被护具包裹的腋窝与髋关节之间的部位是允许被攻击的合法部位。基于此，运动员比赛时须穿戴与其体重级别相对应的护具。同一级别的双方运动员应穿戴同一型号的护具。若因运动员体型差异大需穿戴不同型号的护具，须先经技术代表批准。

（解释4）

头部和躯干：如图8－3所示，锁骨以上的所有部位为头部。髋关节以上、锁骨以下的部位为躯干。

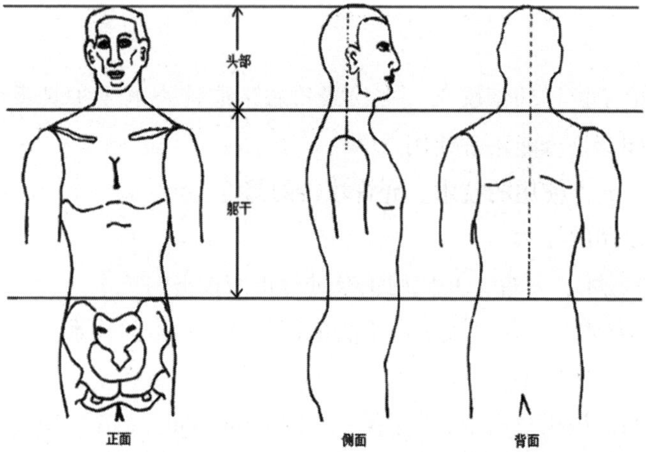

图8－3 得分部位：头部和躯干

（解释5）允许拳击打的部位：为保护运动员人身安全，拳的技术只允许击打护具包裹部位中灰色以下部分。

第十二条 得 分

一、使用允许的技术，准确、有力地击中得分部位时得分。

（解释1）

“准确”：合法的攻击技术完全或最大程度地接触对方运动员允许被合法攻击的目标范围之内。

（解释2）

“有力”：

1. 人工计分时：由边裁判员对击打力度进行判定。

2. 使用电子感应护具时：由电子感应护具中的电子感应器测量击打力度，根据体重级别、性别差异设定不同的力度标准。

二、得分部位

（一）躯干：护具上蓝色或红色部分覆盖的躯干部位（图8－4）。

（二）头部：锁骨以上的头颈部位（包括颈部、双耳和后脑在内的整个头部）。

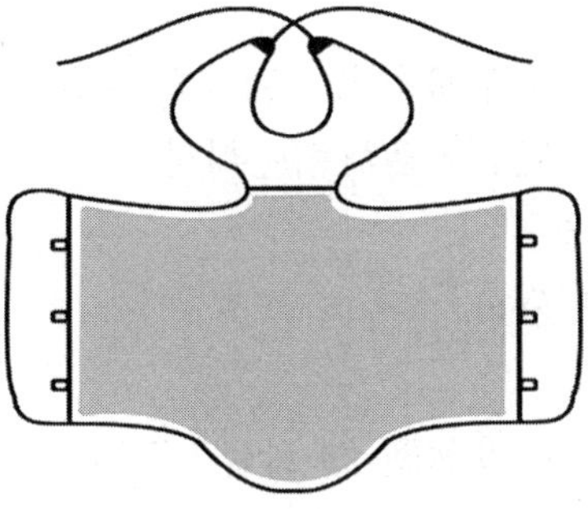

图 8－4

三、分　值

（一）击中躯干计 1 分。

（二）旋转踢技术击中躯干计 2 分。

（三）击中头部计 3 分（主裁判员读秒不追加分）。

（四）旋转踢技术击中头部计 4 分。

（五）一方运动员每被判 2 次“警告”或 1 次“扣分”，另一方运动员得 1 分。

（执裁指导 1）

击头得分的尺度：运动员脚的任何部位接触对方的头部，将被视为击头得分有效。

（执裁指导 2）

读秒的执裁尺度：运动员被击倒时，主裁判员应及时发出“分开”的口令，并检查运动员的状态，然后判断是否读秒。

“击倒”的尺度见本规则第 17 条。

四、比分为 3 局比赛得分的总和。

五、得分无效：运动员因使用犯规行为得分时，所得分数视为无效。

（解释 3）

使用不合法的技术或犯规行为得分，该得分无效，这是一条基本原则。在此情况下，主裁判员必须通过手势示意减去无效得分并给予犯规的运动员相应判罚。

（执裁指导3）

得分无效时，主裁判员应立即发出“暂停”口令，首先通过手势示意记录台减去无效得分，然后给与犯规的运动员相应判罚。

第十三条 计分和公布

一、得分应立即计分并公布

（注释1）

计分应遵循即时记分，也可称做“1秒钟”原则，4名边裁判员当中的3名以上在1秒钟之内对合法得分技术确认，即可以产生1个有效分。这是一条基本原则，无论采用什么计分方法均必须遵守此原则。

根据比赛的实际情况，也可采取3名边裁判员执裁，其中2名以上记分有效的方式。

（解释1）

即时记分：意味着得分技术一出现应立即记分，延误一段时间之后再记分视为无效。

（解释2）

立即记录并公布：边裁判员的记分应立即公布在记分牌或显示屏上。

二、使用普通护具时由边裁判员使用电子记分器或计分表记录有效得分

（解释3）

使用普通护具时：

所有有效得分（包括1分、2分、3分和4分），只能由边裁判员记录。

所有记分必须由边裁判员独立判断，并通过电子仪器将得分即时显示在记分牌上予以公布。如果无法使用电子仪器，边裁判员必须立即将得分记录在计分表上，并在1局比赛后公布。

三、使用电子感应护具

（一）躯干部位的有效得分，由电子感应护具中的感应器自动计分。当运动员使用有效的旋转技术时，“有效的力度得分”将由电子护具感应器自动计分，“有效的旋转技术分”将由边裁判员作出判断并记分。

（二）头部的有效得分和拳的有效得分，由边裁判员使用电子记分器或计分表即时记分。有效的旋转技术击头得分，旋转技术分由边裁判员作出判断并记分。

（解释4）

比赛使用电子护具，旋转技术有效击中对手护具，电子护具自动记1分，边裁判员同时确认旋转技术得1分。若同样情况，电子护具未记分，边裁判员是否记旋转分，得分都无效。

（注释2）

为提高竞技能力并确保公平的比赛结果，比赛中所使用的电子感应护具必须符合中国跆协所颁布的有关技术要求和标准。

四、用电子记分器或计分表记分时，必须有3名或3名以上的边裁判员即时记分方为有效。比赛设3名边裁判员的情况，有效得分应由2名或2名以上边裁判员即时记分方为有效。

（执裁指导）

使用任何一种计分系统，边裁判员应遵守即时记分的原则，1局比赛结束时再记分不符合本规则的规定，属于违反规则的行为。

五、在中国跆协主办的各类跆拳道比赛中，须使用中国跆协监制或认可的电子计分系统，包括电子记分器、电子记录台，电子显示屏等。

第十四条　犯规行为

一、比赛过程中所出现的犯规行为，由场上的主裁判员执行判罚。

二、判罚分为“警告”（Kyong－go）和“扣分”（Gam－jeom）。

三、2次“警告”应给对方运动员加1分，最后1次奇数警告不计入总分。

四、1次“扣分”应给对方运动员加1分。

五、犯规行为的判罚

（一）以下犯规行为将被判罚“警告”

1. 双脚越出边界线。
2. 回避或拖延比赛。
3. 倒地。
4. 抓、搂抱或推对方运动员。
5. 故意攻击对方运动员腰以下部位。
6. 用膝部顶撞或攻击对方运动员。
7. 用手攻击对方运动员头部。

8. 教练员或运动员有任何不良言行。

9. 提膝阻碍对方运动员的攻击。

10. 运动员提示本方教练员申请录像审议。

（二）以下犯规行为将被判罚“扣分”

1. 主裁判员发出“分开”（Kal－yeo）口令后攻击对方运动员。

2. 攻击已倒地的对方运动员。

3. 抓住对方运动员进攻的脚将其摔倒，或用手推倒对方运动员。

4. 故意用手攻击对方运动员头部。

5. 恶意攻击对方运动员腰以下部位。

6. 教练员或运动员打断比赛进程。

7. 教练员或运动员使用过激言语、出现严重违反体育道德的行为。

8. 故意回避比赛。

9. 若比赛使用电子护具，每局比赛开始前，主裁判员应该检查双方运动员的电子护具和感应脚套，观察运动员是否有任何操纵电子计分系统，增加感应脚套敏感性或者其他违规方式的企图。如发现故意违规操纵的行为，主裁判员保留给予该名违规运动员“扣分”判罚的权利，同时，根据运动员违规的严重程度，主裁判员也保留判罚该名违规运动员犯规败的权利。

六、运动员违背竞赛规则或故意不服从主裁判员时，主裁判员可计时 1 分钟后直接判其“失格败”。

七、运动员被判罚“警告”和“扣分”累计达 4 分时，主裁判员判其“犯规败”。

八、“警告”和“扣分”次数按 3 局比赛累计。

九、主裁判员中断比赛，下达“警告”或“扣分”口令时，比赛时间在主裁判员发出“暂停”（Shi－gan）口令的同时暂停，直到主裁判员发出“继续”（Kye－sok）口令，比赛继续进行。

（注释 1）

制订犯规条款，禁止犯规行为的目的和意义：

1. 保护运动员的安全。

2. 确保公平竞赛。

3. 鼓励运动员使用恰当的或完美的技术。

（解释 1）

2 个“警告”给对方运动员加 1 分，但是，最后奇数次“警告”不被计入最后得分。

无论犯规行为是否相同，也无论犯规行为出现在哪一局，被判罚 2 个“警告”均给对方运动员加 1 分。

（解释 2）

运动员被判罚 1 次“警告”的犯规行为的种类及其在比赛中的表现是：

（1）双脚越出边界线

双脚越出边界线的垂直平面即被视为“出界”。此时，主裁判员将判给犯规运动员 1 次“警告”。当“出界”是因为对方运动员使用犯规行为造成时，不属于“出界”，主裁判员有权对犯规运动员进行判罚。

如果“出界”行为在时间上有先后之分，则先“出界”的运动员属于犯规，应被判罚 1 次“警告”。

（2）回避或拖延比赛

运动员无意进攻而回避比赛，判罚将给与更加消极或持续后退的一方。若双方运动员均回避比赛，则同时给与双方运动员“警告”判罚。但主裁判员应区分故意回避和战略防守，以战略防守为目的的技术动作将不给与判罚。

主裁判员避免比赛处于消极状态的具体做法是：如果双方运动员在 5 秒钟后仍对峙不攻，处于消极状态，主裁判员可给出“进攻”的口令，出现下列情况时主裁判员将给与“警告”判罚：

第一：主裁判员发出“进攻”口令后，双方运动员仍然消极对峙，没有进攻动作的情况持续 10 秒。

第二：主裁判员发出“进攻”口令后，一方运动员从原来的位置向后退或者明显处于被动状态的情况持续 10 秒。

转身逃避对方运动员的进攻违背了公平竞赛精神，并容易导致严重的伤害事故。同样，因逃避对方运动员的进攻而蜷伏或弯腰至腰部水平线以下，将被给与“警告”判罚。

伪装受伤：目的是对运动员在比赛过程中缺乏公平竞赛精神的行为予以判罚，

包括为了表示对方运动员的动作是犯规行为而夸大受伤程度或假装身体某一部位因击打而疼痛，或为了拖延比赛时间而夸大受伤程度。在此情况下，主裁判员应对运动员发出2次继续比赛的命令，每5秒钟1次，如运动员仍不服从命令，则予以“警告”判罚。

运动员无正当理由故意要求主裁判员暂停比赛，将予以“警告”判罚（例如：要求暂停以调整护臂或护膝拖延比赛时间）。

（3）倒　地

运动员倒地应立即予以“警告”判罚。如果一方运动员因对方运动员的犯规行为而倒地，不应予以判罚，而应判罚对方运动员。因一方运动员使用技术动作导致对方运动员倒地，此行为重复出现应予以倒地运动员判罚。因技术动作的连续变换或因失去重心滑倒，此行为重复出现应予以判罚。

（4）抓、搂抱或推对方运动员

“抓”，包括用手抓住对方运动员的道服、护具或身体任何部位，或用前臂勾住对方运动员的脚或腿。“搂抱”，包括用手或手臂压住对方运动员的肩膀或夹住其腋窝，或用手臂搂抱对方运动员的躯干。“推”，包括用手掌、肘、肩、躯干或头等部位推开对方运动员使其失去平衡以有利于自己攻击，或推开对方运动员以阻碍其正常使用技术动作。当上述情况出现时，主裁判员将给与“警告”判罚。

（5）故意攻击对方运动员腰以下部位

为了阻碍或干扰对方运动员正常使用技术动作，使用强有力的踢击或蹬踏动作攻击其大腿、膝关节或小腿任何部位，应被判罚“警告”。若攻击腰以下部位的动作是因为承受者（被攻击者）自身造成或发生在技术动作转换过程中，不属于此条款规定的内容。

（6）用膝部顶撞或攻击对方运动员

主要指在近距离时故意用膝部顶撞或攻击对方运动员。但是，以下2种情况不在判罚之列：

当使用合法的攻击技术时，对方运动员突然移动或前冲靠近。

非故意的或因进攻距离不合适所造成的。

（7）用手攻击对方运动员头部

“手”的概念是指：包括用手（拳）、腕、小臂、肘关节等击打对方运动员头部。但是，由于对方运动员的不经意动作，比如过分低头或随意转身而引起的情况，不在判罚之列。

（8）教练员或运动员有任何不良言行

“不良行为”包括运动员或教练不符合体育运动精神或跆拳道精神的行为或态度。具体体现如下。

任何妨碍比赛进程的行为。

以不合法途径对裁判员的判决表示抗议或指责竞赛官员。

用身体动作或行为动作侮辱对方运动员或教练员。

教练员使用过激的言语和执教动作。

任何与比赛无关或不受欢迎的行为，或超出比赛本身所能接受范围的行为。

此条款参考“扣分”判罚第6款可合并予以判罚。主裁判员根据情况对上述行为进行独立判罚。如在比赛间歇中出现不良行为，主裁判员可立即予以判罚并记入下一局比赛的计分中。

比赛进行中，如果教练员离开1m×1m的教练员规定区域，该名教练员将会被判罚“警告”。

（9）提膝超过腰部

提膝超过腰部故意格挡、阻碍、干扰对方1次进攻的行为，应被判罚“警告”。

（解释3）

运动员被判罚1次“扣分”的犯规行为的种类及其在比赛中的表现是：

（1）主裁判员下达“分开”（Kal－yeo）口令后攻击对方运动员

此类行为十分危险，极有可能导致对方运动员受伤。原因是：

主裁判员下达“暂停”口令后，对方运动员可能处于无防卫的状态。

主裁判员下达“暂停”口令后，进攻运动员使用的任何技术的击打力度会增大。

此类攻击运动员的行为是违背跆拳道运动精神的。因此，在“暂停”后，无论击打力度大小，故意攻击对方运动员均应予以判罚。此外，在“暂停”后，如一方运动员假装要攻击对方运动员，也应予以“扣分”判罚。

（2）攻击已倒地的对方运动员

此类行为十分危险，极有可能导致对方运动员受伤。原因是：

倒地的运动员可能处于无防卫的状态。

由于倒地运动员处于静止状态，位置相对固定，对其使用的任何技术的击打力度会增大。此类攻击倒地运动员的行为是违背跆拳道运动精神的，在跆拳道竞赛中是不适当的。

（3）抓住对方运动员进攻的脚将其摔倒，或用手推倒对方运动员

为了阻碍对方运动员的进攻，用手抓住对方运动员进攻的脚或用手推对方运动员使其倒地。

（4）故意用手攻击对方运动员头部。主裁判员根据自己的判断，给与下列行为“扣分”判罚：

当拳攻击的起点位置高于耳侧。

当拳攻击的方向向上。

当攻击的目的是在近距离对对方运动员造成伤害，而非进攻技术的正常转换。

（5）教练员或运动员打断比赛进程

教练员在比赛中离开指定位置而影响比赛，或故意离开比赛场地。

教练员为妨碍比赛进程或对裁判员的判罚表示不满而在场地周围走动。

教练员或运动员威胁裁判员或侵犯裁判员的权利。

教练员或运动员以不合法的方式抗议并打断比赛进程。

(注释2)

此条款规定的内容将不用于处理教练员申请“录像审议”的情况。

（6）教练员或运动员使用过激言语或做出违反体育道德行为。

参照判罚“警告”行为的第10款

（7）一方运动员故意转身背逃躲避对手攻击，主裁判员给予“扣分”。

(解释4)

主裁判员宣判运动员“失格败”

当运动员或者教练员无视或违反跆拳道竞赛基本准则、跆拳道竞赛规则和纪律以及主裁判员的指令，主裁判员可以不考虑“警告”或者“扣分”的累计情况，直接判其负。特别是当运动员不顾主裁判员的规劝，意图伤害或者对主裁判员进行明显的侵害时，应立即宣判该名运动员“失格败”。

第十五条　加时赛和优势判定

3 局比赛结束后比分相等，加赛 1 局，时间为 2 分钟，由加时赛先得分或优势判定确定胜负。比赛前 3 局的得分和警告判罚全部清零，加赛局比赛的结果为比赛的最终结果。

一、加时赛先得分获胜

（一）任何一方运动员先得分，则比赛结束，先得分者获胜。

（二）因犯规造成对方运动员得 1 分，则比赛结束，得分者获胜。

二、“优势判定”

（一）加时赛结束时，双方运动员均未得分，进行“优势判定”。

（二）该场比赛裁判员填写“优势判定卡”，按少数服从多数原则进行判定。

（三）“优势判定”的依据是加时赛中运动员表现出的主动性。

（四）场上为 1 名主裁判员和 3 名边裁判员，优势判定若为 2∶2，获胜方为主裁判员判胜方。

（解释 1）

如因技术原因记分牌显示双方运动员均得分，按得分时间判断，先得分者获胜。

（解释 2）

加时赛中出现击头得分技术在先，击腹得分技术在后，但由于电子护具先确认击腹得分，边裁判员可以立即提请合议，主裁判员召集合议确认后更改比分。击头得分的运动员的教练也可申请录像审议，如果审议委员确认击头得分技术先于击腹得分技术得分，则更改比赛显示记分，主裁判员判击头得分者获胜。

（解释 3）

在特定比赛中，如加时赛结束时双方运动员均未得分，则根据赛前公布的称重记录，体重轻者获胜，如体重一致，再进入“优势判定”。

（解释 4）

“优势判定”以运动员在加时赛中表现出的主动性为判定依据：主动攻击的程度、使用技术动作的次数、使用难度技术动作的次数、比赛态度。

（执裁指导）

优势判定程序：

1. 比赛前裁判员携带“优势判定卡”。

2. 若比赛进入优势判定程序，主裁判员给出“优势记录”（Woo－se－girok）的口令。

3. 主裁判员给出口令后，边裁判员在10秒钟内填写好“优势判定卡”并签名递交给主裁判员。

4. 主裁判员收集所有“优势判定卡”并进行统计，依据多数原则判出比赛最后结果，并宣判获胜方。

5. 宣判获胜方后，主裁判员把“优势判定卡”交给记录台，再由记录台转交给技术代表存档备查。

第十六条 获胜方式

主裁判员依据本规则对比赛胜负进行宣判。获胜方式包括以下10种。

一、击倒胜。

二、主裁判员终止比赛胜。

三、比分胜。

四、分差优势胜。

五、加时赛先得分胜。

六、优势判定胜。

七、弃权胜。

八、对方失去资格获胜。

九、主裁判员判罚犯规胜。

十、特定比赛中，按照称重记录，体重轻者获胜。

（解释1）

击倒胜：当一方运动员被合法技术击倒，读秒至“8”时仍不能示意可以继续比赛，主裁判员继续读秒至“10”后，停止比赛，另一方运动员获胜。

（解释2）

主裁判员终止比赛胜：如果主裁判员或者医务监督确定运动员无法继续比赛，即使1分钟恢复期已过，或者该名运动员不听从主裁判员命令仍想继续比赛，主裁判员应宣布比赛停止，另一方运动员获胜。

（解释3）

分差优势胜：在比赛第2局结束或者第3局期间，分差得到12分优势，优势方直接提前获胜。

（解释4）

弃权胜：

1. 一方运动员在比赛中因受伤或其他原因弃权，另一方运动员获胜。参赛运动员不得在比赛中无故弃权。

2. 一方运动员在休息时间到后不继续比赛或不服从命令开始比赛，另一方运动员获胜。

3. 教练员向比赛场地扔毛巾示意自己的运动员弃权，另一方运动员获胜。

（解释5）

对方失去资格胜：一方运动员称重不合格或比赛前失去运动员身份，另一方运动员获胜。根据失去资格原因不同，处理方式如下：

1. 运动员称重不合格，或者参加抽签后未称重：抽签表上将会反映运动员称重失格，并通报相关人员。该场比赛将不选派裁判员，对方运动员不用上场比赛。

2. 运动员称重合格，但检录未到：选派裁判员和对方运动员应等待在场上指定位置，直到主裁判员宣布对方运动员获胜。

（解释6）

主裁判员判罚犯规胜：当一方运动员得到“警告”和“扣分”累计4分时，或者当本规则第14条第6款规定的情况出现时，另一方运动员获胜。

（解释7）

体重轻者获胜：为最小化降低比赛判罚的人为因素，鼓励运动员积极进攻，在特定比赛中使用此获胜方式。第四局加时赛结束比分仍为0:0时，根据赛前公布的称重记录，体重较轻一方获胜。如仍未分出胜负，则进入优势判定。

第十七条　击倒

运动员在比赛中受到合法的强有力攻击后，出现以下三种情况之一，判定为“击倒”：

除双脚以外的身体任何部位触地。

身体摇晃，丧失继续比赛的意识和能力。

主裁判员判定被攻击的运动员不能继续比赛。

（解释）

击倒：击倒分为“站立式击倒”和“击倒”2种情况。运动员受击打倒地，或身体摇晃，或不能胜任比赛的要求，可被视为“击倒”。此外，运动员受击打后，继续比赛将有危险或运动员的安全不能保障，也可被视为“击倒”。

第十八条　“击倒”后的处理程序

一、运动员被“击倒”时，主裁判员将采取以下处理程序：

（一）主裁判员立即发出“分开”（Kal－yeo）口令分开双方运动员，并将进攻运动员置于远处。

（二）主裁判员大声从“1”到“10”向被击倒的运动员读秒，每间隔1秒读1次，并用手势在其面前提示时间。

（三）即使被击倒的运动员在读秒过程中示意可以继续比赛，主裁判员也必须读到“8”，使其获得休息，并确认是否恢复，如已恢复就发出“继续”（Kye－sok）口令继续比赛。

（四）主裁判员读到“8”时，被击倒的运动员仍无法示意可以继续比赛，则读秒至“10”后宣判另一方运动员“击倒胜”。

（五）即使1局或整场比赛时间结束，主裁判员也要继续读秒。

（六）如果双方运动员同时被击倒，有任何一方尚未恢复，主裁判员将继续读秒。

（七）如果双方运动员同时被击倒，读秒到“10”后双方运动员均不能恢复，应按“击倒”前的比分判定胜负。

（八）主裁判员判定一方运动员不能继续比赛，可以不读秒或者停止读秒，宣判另一方运动员获胜。

二、比赛结束后的处理

因身体任何部位受到击打而被“击倒”判负的运动员30天内不得参加比赛，须由代表单位指定的医生证明并由代表单位有资格的领队或者教练担保。

（解释1）

首先将进攻者置于远处：在此情况下，进攻方运动员应回到开始比赛时自己所处的位置，但是，如果被击倒的运动员就在进攻方运动员比赛开始时所处的位置上或附近，进攻方运动员应在其教练席前的警戒线处等待。

（执裁指导1）

主裁判员在执裁过程中应始终保持一种警觉状态，随时准备处理突然出现的“击倒”情况或其他危险状况。一旦出现此类情况，主裁判员应毫不犹豫地发出“分开”（Kal－yeo）口令。

（解释2）

如果被击倒的运动员在读秒过程中站立起来并示意可以继续比赛，主裁判员也须继续读秒，并通过检查、读秒等办法迅速判断该名运动员的状态。

读秒的根本目的是保护运动员，即使运动员在主裁判员读秒至“8”以前示意可以继续比赛，主裁判员仍应继续读秒至“8”，才能继续比赛。读秒至“8”是强制性的，主裁判员不能随意更改。

如果在读秒的过程中发现被击倒的运动员情况危险，需要紧急治疗，主裁判员应一边读秒一边给出召唤医务监督的手势，让医务监督马上进行治疗。除非医务监督认为情况危急需要立即进行抢救，否则主裁判员的读秒程序应当继续进行。

读秒“1－10”：Ha－nal，Duhl，Seht，Neht，Da－seot，Yeo－seot，Il－gop，Yeo－dul，A－hop，Yeol。

（解释3）

主裁判员必须在读秒至“8”之前就能判断出运动员是否恢复。读秒后必须确认运动员的状态是否恢复，此程序必须执行。主裁判员确认运动员已经恢复，就发出“继续”（Kye－sok）口令继续比赛。主裁判员在继续比赛之前不允许无谓地延误时间。

（解释4）

主裁判员读秒至“8”时，被击倒的运动员仍无法示意可以继续比赛，则读秒至“10”后宣判另一方运动员“击倒胜”。确定“已恢复”的程序为：运动员以实战姿势、紧握双拳数次和主裁判员进行有效的目光交流，示意可以继续比赛。如果运动员在主裁判员读秒至“8”时，仍不能用此程序表示“已恢复”，主裁判员应立即再读秒至“9”“10”后宣判另一方运动员“击倒胜”。读秒至“8”后，运动员再示意可以继续比赛应视为无效。如果主裁判员判定被击倒的运动员已不能继续比赛，即使该名运动员在主裁判员读秒至“8”时示意可以继续比赛，主裁判员可以继续读秒至“10”，随后宣布比赛结束，另一方运动员“击倒胜”。

（解释5）

主裁判员判定一方运动员不能继续比赛是指：当运动员受到明显强烈的击打倒地并处于危险状态时，主裁判员可中断读秒或在读秒的同时要求急救。

（执裁执导2）

主裁判员在读秒过程中应当立即判断运动员的状态，不允许在读秒至“8”后，花费额外的时间去确认运动员是否恢复。

当运动员在主裁判员读秒至“8”以前已明显恢复，并示意可以继续比赛，主裁判员也确定运动员状态可以继续比赛，但该名运动员由于需要进行治疗而不能马上继续比赛，主裁判员发出口令的步骤为：“分开”（Kal－yeo）、“计时”（Shi－gan），然后转入本规则第十九条的程序。

第十九条 比赛中断的处理程序

一、因一方或双方运动员在比赛过程中受伤而使比赛中断，主裁判员采取以下处理程序：

（一）主裁判员发出“分开”（Kal－yeo）口令，如判断属于因伤比赛中断情况则发出“计时”（Kye－shi）口令，记录台同时开始计时1分钟。

（二）允许运动员在1分钟内接受治疗。

（三）运动员即使只受轻伤，但1分钟后仍不示意可以继续比赛，主裁判员判其负。

（四）因“扣分”行为造成一方运动员受伤，1分钟后不能恢复比赛，主裁判员判犯规者负。

（五）双方运动员同时受伤，1分钟后均不能继续进行比赛时，按受伤前双方得分判定胜负。

（六）在医务监督的协助下，主裁判员判定一方运动员严重受伤，明显神志不清或处于危险状态时，应立即中断比赛，安排急救。如果伤害事故是由“扣分”行为造成的，判犯规者负。

（七）因“扣分”行为造成受伤，医务监督鉴定受伤运动员能够继续比赛，主裁判员指令受伤运动员继续比赛，如不听从指令，受伤运动员被判为败方。

（八）因伤不能继续比赛的运动员30天内不得参加比赛。

二、如果发生除上述程序以外，合理的需要中断比赛的情况，主裁判员先发出“分开”（Kal - yeo）口令，再发出“暂停”（Shi - gan）口令中断比赛。继续比赛则发出“继续”（Kye - sok）口令。

（解释1）

主裁判员判定运动员由于受伤或其他任何紧急情况不能继续比赛，可按以下方式处理：

1. 如果一方运动员处于失去知觉或严重受伤等紧急状态，应立即实施急救并结束比赛。

此种情况下，比赛结果将按以下方式判定。

（1）由“扣分”行为造成的，判犯规者负。

（2）由合法技术动作或意外的、不可避免的接触造成的，判不能比赛者负。

（3）由与比赛无关原因造成的，按比赛中断前的得分判定胜负。如果中断比赛发生在第一局比赛结束前，该场比赛无效。

2. 运动员受伤程度不严重，在主裁判员给出“计时”（Kye - shi）口令之后可有1分钟时间接受必要的治疗。

（1）主裁判员判断有必要对受伤运动员进行治疗时，可由医务监督进行治疗，如有必要，队医可以协助治疗。

（2）受伤的运动员能否继续比赛由主裁判员判定，在1分钟治疗时间内，主裁判员可在听取医务监督意见后，随时给出口令继续比赛，不服从命令继续比赛者将被判负。

（3）受伤的运动员接受治疗或恢复过程中，在“计时”至40秒时，主裁判员每隔5秒钟用受伤运动员可以听到的口令提示时间，运动员在1分钟结束时不能回到指定位置继续比赛，主裁判员必须宣判比赛结果。

（4）主裁判员发出“计时”口令后，无论医务监督是否参与治疗，1分钟的计时须严格执行。但是，当运动员需要治疗而医务监督缺席或运动员需要进一步治疗时，主裁判员可以适当延长1分钟的计时限制。

（5）如1分钟后不能继续比赛，比赛结果将根据本条款解释1判定。

3. 如双方运动员受伤，1分钟后均不能继续比赛，或出现紧急情况，比赛结果将按以下方式判定：

（1）如因一方运动员的“扣分”行为造成，则判犯规者负。

（2）如不属于“扣分”行为，比赛结果将按中断比赛时的比分判定。但是，如比赛中断发生在第一局比赛结束之前，则该场比赛无效，赛事组委会将安排在合适的时间重新比赛。如一方运动员在重新比赛时仍不能参赛，则被视为弃权。

（3）如因双方运动员的“扣分”行为引起，则判双败。

（解释2）

因上述条款内容以外的原因造成比赛中断，将按以下方法处理：

1. 因不可控制的情况需要中断比赛，主裁判员将中断比赛并服从赛事组委会的指示。

2. 如果第二局比赛结束后比赛中断，且比赛不能继续进行，根据比赛中断之前的比分判定胜负。

3. 如果第二局比赛结束前比赛中断，原则上将安排重新比赛，并进行全部3局的比赛。

第二十条 技术官员

一、技术代表

（一）资格：资深跆拳道专家或国际裁判员，由中国跆拳道协会任命。

（二）职责：全面指导、决定、监督竞赛和裁判员工作，同时履行仲裁委员会主任的职责。确认竞赛规则和判罚尺度，主持赛前技术会议与抽签。确认抽签与称重结果。如有必要，技术代表可以要求主裁判员场上召集合议。技术代表有权对规则没有描述的范畴外的问题做最终裁决。

二、竞赛监督机构

（一）组成：各类跆拳道竞赛可根据需要设立竞赛监督机构（竞赛监督委员会或赛风赛纪督察组），由若干具有行政管理、跆拳道竞赛和裁判员专业背景的资深人士组成。

（二）职　责

1. 监督和检查各项竞赛及赛风赛纪工作。

2. 依据《跆拳道竞赛纪律处罚办法》等文件对违背有关规定和体育道德的当事人、运动队进行处罚。

三、仲裁委员会

（一）组成：各类跆拳道竞赛须设立仲裁机构，由若干委员组成仲裁委员会行使职责。

（二）职责：协助技术代表负责竞赛和技术方面的工作。确保比赛按照程序进行。评估录像审议委员和临场裁判员的执裁判罚情况。对比赛中出现的违纪违法行为和个人予以制裁和处罚。处理与竞赛相关的其他事宜。

四、录像审议委员

（一）资格：国际级裁判员。

（二）组成：一块场地比赛由 2 名录像审议委员负责录像审议。

（三）职责：受理录像审议，1 分钟内做出裁定结果，告知主裁判员。

五、裁判员

（一）资　格

1. 在中国跆协登记注册有效，同时属于中国跆协个人会员，持有中国跆协或世跆联颁发的有效裁判员资格证书者。

2. 参加由中国跆协定期组织举办的裁判员培训班并通过考核者。

3. 裁判员须穿着中国跆协指定的裁判员服装，禁止携带妨碍比赛的物品。

（二）裁判员配备与岗位设置

1. 使用普通护具时，一般须设 1 名主裁判员和 4 名边裁判员。

2. 使用电子感应护具时，一般须设 1 名主裁判员和 3 名边裁判员。

（三）主裁判员或边裁判员与场上运动员属同一单位或有连带关系时须回避

（四）如有需要，每场比赛可增派 1 名替补裁判员和 2 名替补审议委员，若比赛出现严重问题，由技术代表提出更换。

（注释 1）

中国跆协举办的裁判员培训班是指各类目的在于提高裁判员业务水平的学习班。

（注释 2）

中国跆协所属团体会员单位举办各级各类跆拳道裁判员学习班，必须经过中国跆协批准认可。

（注释3）

边裁判员的配备可以根据比赛的实际情况进行人数上的调整。但1名主裁判员和边裁判员多数判定的基本原则不能更改。

（五）职责与任务

1. 主裁判员

（1）依据本规则的规定，掌握和控制整场比赛，确保比赛安全、公正、精彩。

（2）比赛过程中根据场上情况即时发出“开始”（Shi－jak）、“分开”（Kal－yeo）、“暂停”（Shi－gan）、“继续”（Kye－sok）、“计时”（Kye－shi）、“扣分”（Gam－jeom）、“警告”（Kyong－go）、“结束”（Ke－man）等口令，并判定胜负。

（3）依据本规则独立行使判决权利。

（4）原则上主裁判员不参与计分，但是，如果比赛中1名以上的边裁判员举手提示有得分未被计分，主裁判员将召集3名边裁判员进行合议，合议结果遵循3名边裁判员意见少数服从多数的原则。

（5）加时赛结束时双方运动员均未得分，并在特定比赛中体重一致时，由主裁判员召集场上3名边裁判员按照本规则第十五条第2款判定胜负。

2. 边裁判员

（1）即时记分。

（2）对“优势判定”进行独立评判。

（3）如实回答主裁判员的问询。

（4）站立举手提出合议，及时提醒主裁判员对比赛中出现的明显计分错误进行合议，如有需要，在本场比赛结束后填写合议单，并签字确认。

（5）举手提示主裁判员场上出现的其他情况，如教练员要求录像审议，运动员护具脱落等。

（六）裁判员判定责任：裁判员的判罚对仲裁负责。不通过仲裁，比赛结果不能变更

（注释4）

竞赛监督部门、仲裁委员会发现裁判员不能胜任执裁工作，没有公正执裁或出现无理由的错误时，可通过技术代表更换裁判员。

（执裁指导）

在1次合法技术击头或旋转技术击中有效得分部位的情况下，如果因为边裁判员记分不一致，使得该次得分未被计分时，任何1名临场裁判员应立即提议进行合议。主裁判员下达“暂停”（Shi－gan）口令中断比赛，召集边裁判员合议，由主裁判员公布合议结果。然而，当场上1名教练员提出录像审议申请时，主裁判员应接收教练员的申请。本条款也适用于以下情况：主裁判员读秒出错，边裁判员应在主裁判员数到“3”或者“4”时提出不同意见。

六、记录员

（一）资格：国家一级以上裁判员。

（二）职责：负责比赛计时。按照主裁判员的指令加、减分。记录并公布得分、减分。记录比赛结果和获胜方式。联络提醒电脑操作员及时开始或暂停比赛。

七、医务监督

（一）资格：具备医生资格证，由主办单位或赛事组委会选派。

（二）职责：在运动员受伤时对其进行及时治疗、抢救。协助主裁判员对运动员的“伪装受伤”“击倒”等情况进行及时判断。协助裁判员对运动员进行赛前检查。

第二十一条 即时录像审议

一、目 的

即时录像审议（以下简称录像审议）的目的是以录像画面为依据，以规则条款为准绳，对临场重大错误进行及时修正，原则上尊重场上裁判员的临场决定。

二、录像审议委员（以下简称审议委员）

每场比赛设审议委员2名，共同对比赛画面提出意见，如意见不一致，则由技术代表最终认定。

三、审议程序

（一）比赛中教练员对裁判员的判罚或记分有异议，可向主裁判员申请进行“录像审议”。

（二）当教练员提出申请时，主裁判员应询问其申请理由。可以申请“录像审议”的理由仅限于事实判断错误，比如击打力度，动作、行为的严重程度，故意与否，动作时效的判断错误等。使用电子护具的比赛中，由电子护具感应器识别的得分不在审议范围内。教练员应在一次交手动作发生后5秒钟内对该次动作提出审议申请。

（三）主裁判员应要求审议委员对申请内容进行“录像审议”，审议须遵循回避原则。

（四）审议委员应在接受审议后1分钟内，通过录像审议做出判决，告知主裁判员判决结果。

四、审议配额

（一）每1场比赛中，教练员可以提出1次“录像审议”申请。如果该次申请成功且相关判罚或记分被更正，可继续提出申请。预赛2张审议牌，决赛每场2张，奖牌争夺战追加1张。

（二）在1次赛事中，教练员为运动员提出“录像审议”申请的总次数不受限制。但是，如果为1名运动员申请“录像审议”失败的次数超出审议配额，则不得再提出申请。根据赛事规模，技术代表可决定比赛“录像审议”的配额。

五、审议裁决

（一）审议委员的裁决是最终裁决，在比赛中和比赛后不接受更进一步的申诉。

（二）如果出现比赛结果判定错误、比分计算错误或者运动员身份识别错误等严重错误的情况，场上任何一名裁判员可以暂停比赛，通过裁判员合议更正错误。

（三）如果相关判罚或记分被更正，竞赛监督与仲裁机构应在当天比赛结束后，对该场比赛进行调查。如有必要，对相关裁判员进行处罚。

（解释1）

为最大限度减少跆拳道竞赛中的错判、误判和漏判，维护跆拳道竞赛的公平与公正，制定“录像审议”条款，并根据竞赛工作的实际情况组织实施。

（解释2）

审议组由2名审议委员组成，“录像审议”的过程无需向公众公布，由审议组独立完成。

（解释3）

教练员针对双方运动员的判罚和记分均可申请“录像审议”。如果双方教练员同时申请“录像审议”，主裁判员将同时受理。

（解释4）

任何情况下，教练员一旦站立举起青/红审议牌申请录像审议，将被视为使用该次配额。每局比赛结束时，只要符合5秒原则，审议申请均可以被接受。

（执裁指导）

“录像审议”的程序：

1. 比赛开始前，本场主裁判员向拥有配额的教练员发放申请“录像审议”时使用的“青”“红”审议牌。

2. 比赛中，青（红）方教练员站立举青（红）牌向主裁判员示意，申请“录像审议”。

3. 主裁判员暂停比赛，走近教练员询问审议内容并收取申请牌，回到场地中央并面向审议委员席，举青（红）牌并发出“青（红）方录像审议”的口令。

4. 主裁判员告知审议委员审议内容后，审议委员进行录像审议。技术代表及竞赛监督机构代表可监督审议。

5. 审议委员对比赛录像进行审议得出结果，填写“录像审议”记录单。审议委员、技术代表在记录单上签字后审议结果方可生效。

6. 审议结束后由审议委员告知主裁判员审议结果，主裁判员执行审议结果后继续比赛（如申请审议方获得成功，主裁判员将审议牌交还该名教练员）。

六、申　诉

在无法使用录像审议的赛事中，将采用下述申诉程序：

参赛运动队如对裁判员的判罚有反对意见，须在该场比赛结束后10分钟内，由参赛队代表向仲裁委员会提交申诉书，并交纳申诉费2000元人民币。由仲裁委员会对申诉内容进行审查，根据本规则做出“受理”或“不受理”的决定。

（一）审议与裁决

1. 审议时，与申诉方同单位的仲裁委员应回避。

2. 必要时，可质询临场执裁的裁判员，查询比赛记录表、仲裁录像等物质证据。

3. 由参加审议的仲裁委员以无记名投票方式进行裁决，半数以上委员的决定为最终判定。仲裁委员会须在受理申诉后15分钟内做出裁决并形成书面报告公之于众。

4. 仲裁委员会的裁决结果为该场比赛的最终判定。

（二）竞赛监督委员会有权对审议裁决的全过程进行监督

（三）中国跆协依据本规则制定《跆拳道竞赛仲裁条例》，由仲裁委员会执行

（注释1）

审议与裁决的基本依据：

如果比赛结果判定错误，或出现比分计算错误，或对青右方运动员身份识别错误，将更改原判决。

仲裁委员会认定裁判员在执行规则时出现明显错误，可以更改原判决，并依据有关规定处罚相关裁判员。

（注释2）

裁决结果与比赛结果一致或者出现平局时，则维持原判。与比赛结果不一致时，则更改原判决。

第二十二条　制裁与处罚

一、组成：竞赛处罚委员会由比赛监督机构与仲裁委员会构成。

二、职责：依据《跆拳道项目纪律处罚规定》，负责对参赛运动员、教练员、技术代表、裁判员、工作人员、代表队和竞赛承办单位等违反竞赛纪律及比赛规定的行为做出处罚。

三、发布：处罚决定由中国跆拳道协会负责发布与解释。

第二十三条　本规则未明文规定的情况

出现本规则未明文规定的情况，按以下办法处理：

一、与比赛相关的事宜，根据该场比赛临场裁判员的一致意见决定。

二、与比赛无关的事宜，由比赛技术代表处理决定。

三、赛事组委会在各场地安排录像设备，对比赛过程进行记录和保存以备查。

第二十四条　附　则

本规则自颁布之日起执行，具有独立性和排他性。最终解释权归中国跆拳道协会。

附　录

附件1　主裁判手势图

1. 运动员入场

向上屈肘抬臂，伸出双手食指，先指右手左方发出“Chung”（青），再指左手右方发出“Hong”（红）的口令，指向场地中央运动员指定位置指挥运动员上场（图1、图2）。

图1

图2

2. 立正/敬礼

屈臂上举，双手掌心相对，五指并拢至眉高，发出“Cha – ryeot”（立正）的口令。然后双手掌心相对按下于胸前，发出“Kyeong – rye”（敬礼）的口令令运动员相互敬礼（图3、图4）。

图3

图4

3. 准　备

右手掌屈臂抬至右耳侧（图5①），左脚向前迈一步成弓步，右臂向下伸直，右手迅速劈下，同时发出“Joon－bi”（准备）的口令，左手握拳自然下垂（图5②、图5③侧面）。

图5①

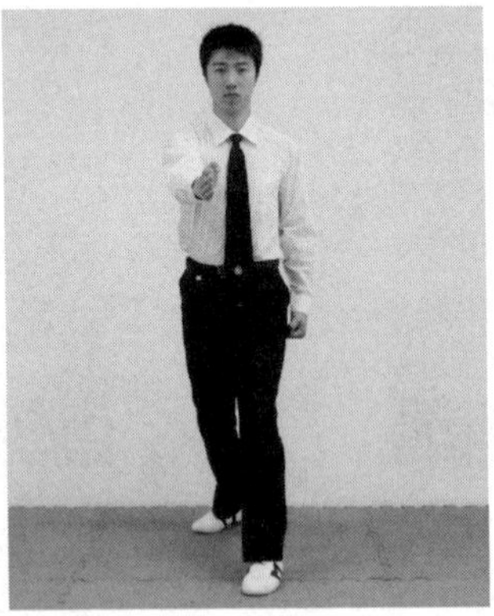

图5②

图5③侧面

4. 开　始

从“准备”姿势略向后收左腿成虚步，双臂在胸前张开指向双方运动员，然后迅速向中间合拢，同时发出“Shi－jak”（开始）的口令（图6①、图6②）。

图6①

图6②

5. 分开/结束

右手掌屈臂抬至右耳侧（图7①），左脚向前迈一步成弓步，发出Kai－yeo（分开）或“Keu－man”（停）的口令，同时右手迅速劈下，左手握拳自然下垂（图7②）。

图7①

图7②

6. 继　续

站于运动员之间，右手直臂平伸（图 8①），然后迅速屈臂至右耳处（图 8②），同时发出“Kye - sok”（继续）的口令。

图 8①

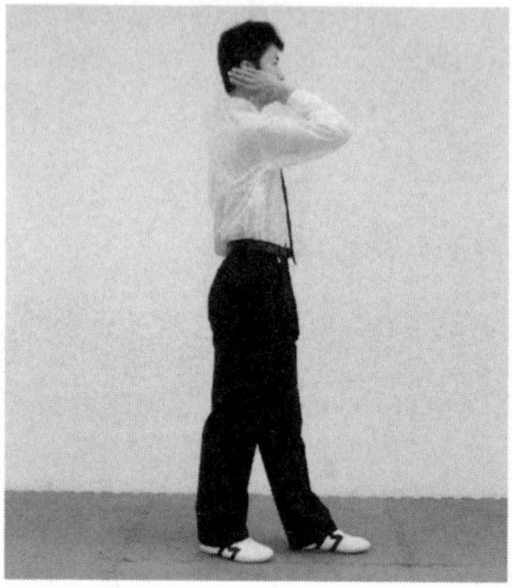

图 8②

7. 提　示

右手食指指向犯规运动员，上臂微屈成 135°。右掌掌心向前，左右摇摆一次。然后食指指向运动员让其知道主裁判给予一次提示（图 9① ~ ⑤）。

图 9①

图 9②

图 9③

图9④

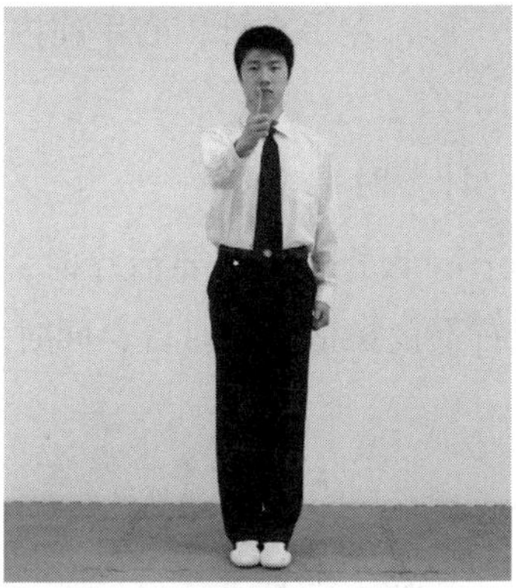

图9⑤

8. 得分无效

主裁判成立正姿势，右掌置于额前约20厘米处向左右摇摆两次，幅度同肩宽，取消得分（图10①~③）。对犯规运动员作出相应的处罚，然后发出“Kye－sok”（继续）口令，比赛继续进行。

图10①

图10②

图10③

9. 暂　停

由于场地、器材、护具、服装、加分等原因需要中断比赛时，主裁判发出“Kal－yeo”（分开）口令暂停比赛，然后再面向计时台伸出两手食指在体前交叉成“×”形，左手在外，右手在内，发出“Shi－gan”（暂停）口令令计时员停表（图11）。

10. 计 时

由于运动员受伤需要治疗时，主裁判发出“Kal－yeo”（分开）口令暂停比赛，用右手食指指向计时台，同时发出“Kye－shi”（计时）的口令（图12）。

图11

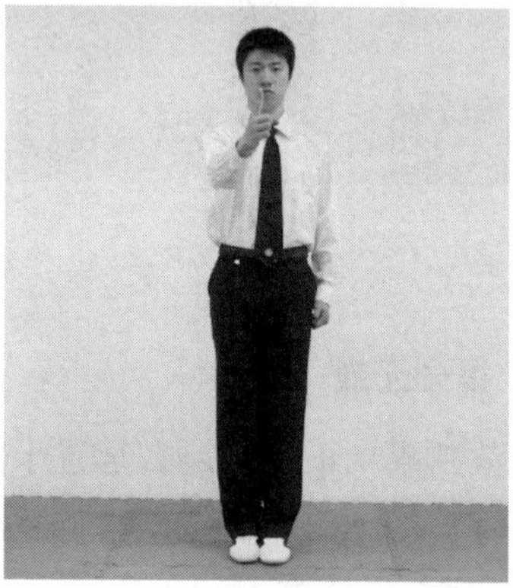

图12

11. 判罚警告

伸出右手食指指向犯规运动员，发出“Chung”（青）或“Hong”（红）口令，然后右手握拳屈肘至左肩，再用力挥出食指指向犯规运动员，发出“Kyong－go”（警告）的口令（图13①~③）。

图13①

图13②

图13③

12. 判罚扣分

伸出右手食指指向犯规运动员，发出“Chung”（青）或“Hong”（红）口令，然后右手握拳自然下垂成立正姿势。右臂向上伸直，食指上指，发出“Gam - jeom”（扣分）的口令（图 14①～③）。

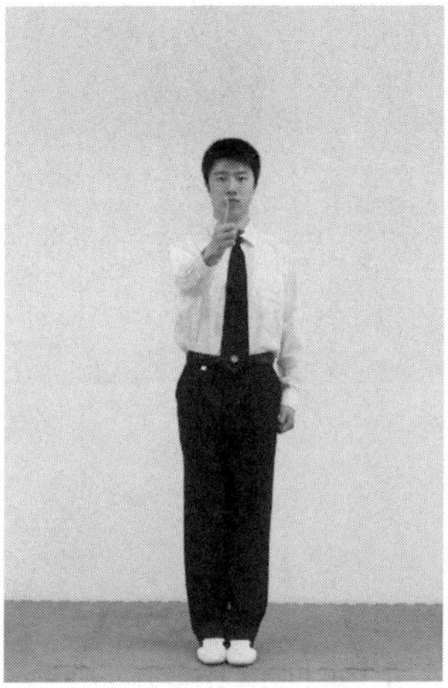

图 14①

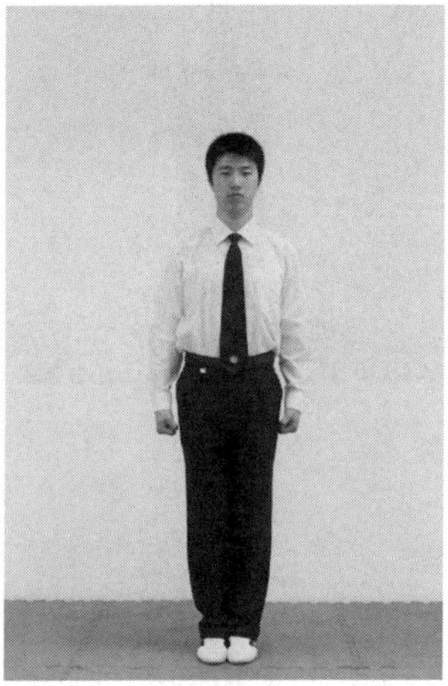

图 14②

图 14③

13. 宣告胜负

主裁判站在运动员中间，如左方获胜时，右手握拳屈臂至胸前，然后拳变掌向右上方成 45°迅速举起，同时发出“Chung seung”（青胜）的口令，左手握拳自然下垂（图 15①～③）。

14. 优势判定

向后退两步（先迈左腿，）成立正姿势，发出“woo - se - girok”（优势判定）口令（图 15①）。

图 15①

图 15②

图 15③

15. 读　秒

双手握拳，按从右手拇指到左手小指的顺序依次伸直，面向被击倒的运动员开始大声读秒，每间隔 1 秒读 1 次（图 16① ~ ②；当读到“5”和“10”时掌心要面向运动员（图 16③ ~ ④）；当运动员受到重击而倒地时，主裁判则采用半蹲式，面向被击倒的运动员读秒（图 16⑤）。

图 16①

图 16②

图 16③

16. 加　分

主裁判发出“暂停”口令令计时员停表，然后面向记录台伸出右手食指，如给左方加1分，发出“Chung”（青）“Yir－jeom”（加分）口令（图17）。

图16④

图16⑤

图17

附件 2　编排对阵轮次表

8 人参赛单败淘汰赛对阵轮次表（表）

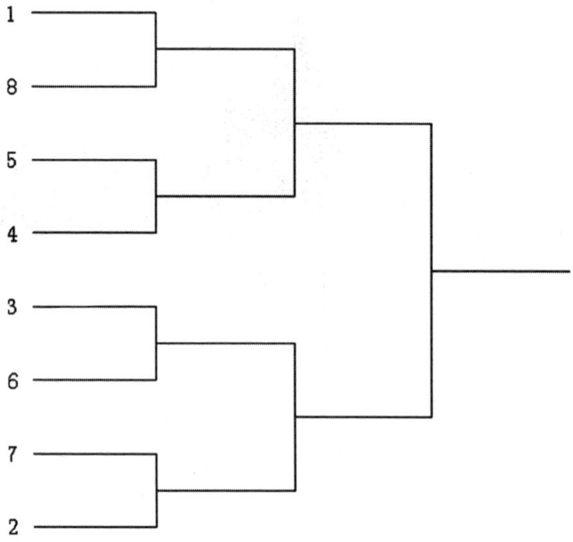

单败淘汰赛：输一场就被淘汰，除冠亚军外，如不打附加赛则其余名次均为并列。

号码位置：号码位置必须符合 2 的乘方数，即 2^n 的原则。如参赛人数不足 2^n 时，则采用增设轮空号码将其补齐。

轮数 =2 的 n 次方，如 8 人参赛，则 $2^3=8$，n =3，轮数 =3 轮

场次 = 人数 -1，如 8 人参赛，则场次 =8 -1 =7 场

8 人参赛双败淘汰赛对阵轮次表（表）

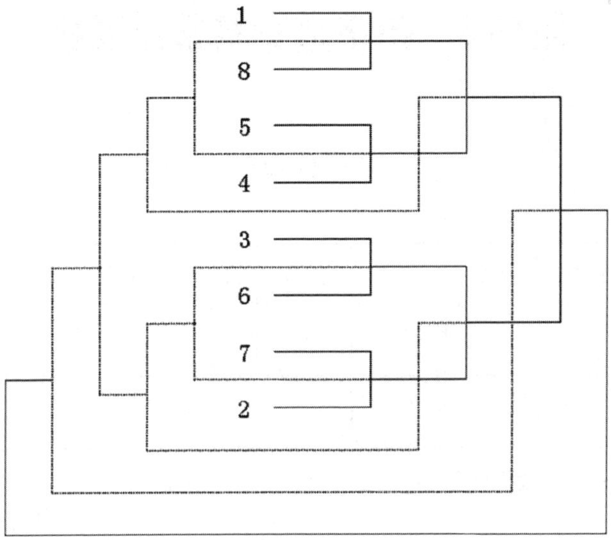

注明：运动员按照编排的比赛秩序进行比赛，胜者向右排为正轮，负者向左排为负轮，输两场就被淘汰，而正负轮最后一名运动员进行冠亚军决赛，其余名次均为并列。

号码位置：与单败淘汰赛一样，号码位置必须符合 2 的乘方数，即 2^n 的原则。如参赛人数不足 2^n 时，则采用增设轮空号码将其补齐。

轮数 $=2\times n$　如 8 人参赛，则 $2^3=8$，$n=3$，轮数 $=2\times 3=6$ 轮

场次 $=2\times$人数 -2，如 8 人参赛，则场次 $=2\times 8-2=14$ 场

附件3　跆拳道竞赛常用表格

检查台记录表

日期__________

场次______	护胸	头盔	护裆	护臂	护腿	护齿	手套	裁判员签字
左方______								
右方______								

注：如检查合格，由裁判员在对应空格内打“√”并签字。

（级别）称重表

序号	姓名	单位	注册号	称重（kg）第一次	称重（kg）第二次	是否合格	选手签字
1							
2							
3							
…							
12							
13							

地点__________　时间__________

合格者打“√”不合格者打“×”

称重人数__________合格人数__________不合格人数__________

称重裁判员签字__________________________

仲裁委员签字__________　参赛队代表签字__________

称重须知：

1. 称重时男运动员着内裤；女运动员着内裤、胸罩；如果运动员有要求可裸体称重。

2. 第一次称重不合格者可在规定时间内再给一次称重机会。

3. 称重原始单据交技术代表，复印件交编排记录组。

4. 称量体重的精确度以小数点之后的百分位为测量标准：如：50kg 以下级，49.99、50.00 为合格，50.09 为不合格；50kg 以上级 50.01 起为合格，49.99 为不合格。

比赛记录表

体重级别（Weight Div）________比赛场次（Match No.）________日期（Date）________

左方（Chung）				右方（Hong）		
警告（Kyonggo）	扣分（Gamjeom）	得分（Deukjeom）	局数（Hoejeon）	警告（Kyonggo）	扣分（Gamjeom）	得分（Deukjeom）
			1			
			2			
			3			
			总分（Total）			
			胜负（Result）			

K. O 胜	R. S. C 胜	判定胜	弃权胜	失格胜	犯规胜

裁判签字（Referee's Name）：

边裁计分表

体重级别（Weight Div）比赛场次（Match No.）日期（Date）

左方（Chung）			右方（Hong）	
扣分 (Gamjeom)	得分 (Deukjeom)	局数 (Hoejeon)	得分 (Deukjeom)	扣分 (Gamjeom)
		1		
		2		
		3		
		总分 (Total)		

签字（Judge's Name）：　　　　位置（Position）：

优势判定卡

Assessment of Superiority

左方 (Chung)	局数 (Round)	右方 (Hong)
(A) (NT) (AT) (M)	4	(A) (NT) (AT) (M)

（A）——主动性攻击性　　（NT）——技术动作数量

（AT）——高难度动作数量　　（M）——态度及表现

日期（Date）＿＿＿＿＿＿

场次（Match No.）＿＿＿＿＿＿裁判签字（Referee's Name）＿＿＿＿＿＿

临场裁判员选派单

比赛场次____________

临场裁判员	编号	姓名
主裁判员		
1 号边裁判员		
2 号边裁判员		
3 号边裁判员		
4 号边裁判员		

左方代表签字______________________

右方代表签字______________________

赛风赛纪督察组代表签字____________

裁判员合议记录表

比赛日期____________　比赛场地____________　比赛局数____________

	合议结果判定				备注
得分分值	0	1	2	3	4

裁判员位置：　　　　　　裁判员签字：

注：1. 必须表明比赛局数；

2. 在“合议对象”□打“√”；

3. 在合议结果判定对应得分分值上打“√”；

4. 填写裁判员位置并签字，交给主裁判员；

5. 合议判定后，由主裁判员将此表交给临场裁判长。

<u>赛事名称</u> 录像审议记录单

<table>
<tr><td>日期</td><td></td><td>场次</td><td></td><td>级别</td><td colspan="2"></td></tr>
<tr><td>左方队</td><td colspan="2"></td><td colspan="2">运动员姓名</td><td colspan="2"></td></tr>
<tr><td>右方队</td><td colspan="2"></td><td colspan="2">运动员姓名</td><td colspan="2"></td></tr>
<tr><td rowspan="2">临场裁判员</td><td>主裁判员</td><td>1 号边裁判员</td><td>2 号边裁判员</td><td>3 号边裁判员</td><td colspan="2">4 号边裁判员</td></tr>
<tr><td></td><td></td><td></td><td></td><td colspan="2"></td></tr>
<tr><td rowspan="2">申请方</td><td>左方□</td><td>发生时间</td><td>第一局□</td><td>第二局□</td><td>第三局□</td><td>第四局□</td></tr>
<tr><td>右方□</td><td></td><td>分秒</td><td>分秒</td><td>分秒</td><td>分秒</td></tr>
<tr><td rowspan="2">审议内容</td><td rowspan="2"></td><td rowspan="2">审议结果</td><td colspan="2">维持原判罚 □</td><td colspan="2">备注</td></tr>
<tr><td colspan="2">更改原判罚 □</td><td colspan="2"></td></tr>
<tr><td colspan="7">审议委员签字____________ 仲裁委员签字____________
技术代表签字____________

注：1. 请在对应内容的□处打“√”；
2. 此表由审议委员填写。</td></tr>
</table>

赛事名称 申诉表

<table>
<tr><td>申诉队</td><td></td><td>申诉级别</td><td></td><td>比赛时间</td><td></td></tr>
<tr><td colspan="2" rowspan="2">比赛双方运动员</td><td colspan="4">左方：</td></tr>
<tr><td colspan="4">右方：</td></tr>
<tr><td colspan="6">申诉理由（什么时间、地点、得分技术动作）：

领队、教练员签字：
年 月 日</td></tr>
</table>

附件4 跆拳道比赛裁判员专用术语

序号	裁判员口令	发音	解释
1	Chung	chung	左方
2	Hong	hawng	右方
3	Cha－ryeot	tcha riet	立正
4	Kyeong－rye	kieng ney	敬礼
5	Joon－bi	djoon bee	准备
6	Shi－jak	shi dzahk	开始
7	Kal－yeo	kal yo	分开
8	Keu－man	ku mahn	结束
9	Kye－sok	ke sok	继续
10	kye－shi	ke shee	计时
11	Shi－gan	shee gan	暂停
12	Kyong－go	kyawng go	警告
13	Gam－jeom	gahm jum	扣分
14	Joo－eui	Ju ei	注意
15	Chung Seung	chung soong	左方获胜
16	Hong Seung	hawng soong	右方获胜
17	Fight	fight	进攻

续表

序号	裁判员口令	发音	解释
18	Video Replay	video replay	即时录像审议
19	Woo - se - girok	wu se giro	优势判定
20	Ha - nah	hah nah	一
21	Duhl	dool	二
22	Seht	set	三
23	Neht	net	四
24	Da - seot	da soot	五
25	Yeo - seot	yu soot	六
26	Il - gop	il gob	七
27	Yeo - dul	yu duhl	八
28	A - hop	ah hob	九
29	Yeol	yool	十
30	Hyu - sik	hju sik	休息

附件5　跆拳道比赛常用英汉术语对照表

序号	英文	中文
1	Competition Rules	竞赛规则
2	Referee	主裁判员
3	Judge	边裁判员
4	Arbitration	仲裁
5	Commission doctor	临场医生
6	Recorder	记录员
7	Coach	教练员
8	Contestant	运动员
9	Blue	青（蓝）方
10	Red	右方
11	Inspection	检录
12	Competition Area	比赛场地
13	Contest Area	比赛区域
14	Alert Line	警戒线
15	Boundary Line	边界线
16	Touching acts	接触行为
17	Negative acts	消极行为
18	Attacking acts	攻击行为

续表

序号	英文	中文
19	Undesirable acts	不当行为
20	Weight – in	称体重
21	Weight Divisions	体重级别
22	Fin	鳍量级
23	Fly	蝇量级
24	Bantam	雏量级
25	Feather	羽量级
26	Light	轻量级
27	Welter	次中量级
28	Middle	中量级
29	Heavy	重量级
30	Duration of Contest	比赛时间
31	Drawing Lots	抽签
32	WTF – World Taekwondo Federation	世界跆拳道联合会
33	ATU – Asian Taekwondo Union	亚洲跆拳道联合会
34	CTA – Chinese Taekwondo Association	中国跆拳道协会
35	K. O – Knock Out	击倒胜
36	RSC – Referee Stopping the Contest	主裁判员终止比赛

参考文献

[1]世界跆拳道联合会官方网站[EB/OL]. http://www. wtf. org.

[2]中国跆拳道协会会员网[EB/OL]. http://www. chinatkd. org. cn.

[3]刘卫军．跆拳道[M]. 北京:北京体育大学出版社,2004.

[4]田麦久．运动训练学[M]. 北京:人民体育出版社,2000.

[5]俞继敏．奥林匹克跆拳道[M]. 北京:人民体育出版社,2005.

[6]赵磊,曹涛,陈立人,等．全国跆拳道教练员培训班教材[M]. 北京:中国跆拳道协会教学研究组:1996.

[7]张瑞林．跆拳道[M]. 北京:高等教育出版社,2005.

[8]马学智．跟专家练散手[M]. 北京:北京体育大学出版社,2003.

[9]中国跆拳道协会．跆拳道竞赛规则及解释(竞技)[Z]. 2013 年 10 月．

[10]中国跆拳道协会．中国大众跆拳道教程[M]. 北京:人民体育出版社,2009.

[11]中国武术散手编写组．中国散手[M]. 北京:人民体育出版社,1990.

[12]叶莱．跆拳道[M]. 北京:北京体育大学出版社,1991.

[13]理同新．现代跆拳道运动[M]. 北京:人民体育出版社,2012.

[14]曾于久．竞技跆拳道训练[M]. 北京:人民体育出版社,2013.

[15]王开文．朝鲜半岛的武技史话[J]. 成都体育学院学报,1999,25(2):7－10.

[16]杨悦．再见,金色战神[Z]. 跆拳道杂志,2008(12):29－30.

[17]黄海滨．中国竞技跆拳道运动发展与分析[J]. 广州体育学院学报,2004,24(4):59－61.

[18]赵磊．跆拳道项目备战雅典奥运会的几件往事[Z]. 中华武术,2004(11):15－17.

[19]杨亮,陈福刁等．跆拳道运动的起源与发展[J]. 广州体育学院学报,1999,19(2):33－35.

[20]张洪顺,刘海斌．跆拳道运动员膝关节损伤的运动生物力学分析[J]. 武汉体育学院学报,2004,38(6):73－75.

[21]朱丽华,刘柏等．我国优秀跆拳道运动员运动创伤调查与分析[J]. 北京体育大学学报,

2001,24(6):176－178.

[22]高峰,徐德正．跆拳道绝招技术的训练原则与方法[J]．武汉体育学院学报,2010,35(5):115－116.

[23]谢玉辉,谢晓艳．跆拳道运动在我国的发展现状及对策综述[J]．陕西教育(理论版),2006,12(6):96－97.

[24]王丽莉．北京市竞技跆拳道后备人才培养现状研究[D]．北京:首都体育学院,2012:8－9.